# UMJETNOST KAKE POPSA

Savladajte umjetnost Kake Popsa uz 100 neodoljivih recepata

Branislav Tomčić

Materijal autorskih prava ©2024

Sva prava pridržana

Nijedan dio ove knjige ne smije se koristiti ili prenositi u bilo kojem obliku ili na bilo koji način bez odgovarajućeg pisanog pristanka izdavača i vlasnika autorskih prava, osim kratkih citata korištenih u recenziji. Ovu knjigu ne treba smatrati zamjenom za medicinske, pravne ili druge stručne savjete.

# SADRŽAJ

SADRŽAJ ............................................................................................. 3
UVOD ................................................................................................. 6
TORTA SA SIROM ISKAZE ................................................................ 7
   1. Torta od sira od trešanja ............................................................. 8
   2. Kuglice za tortu od crvenog baršuna i sira ............................... 11
   3. Kuglice za tortu od sira od jagoda ............................................. 14
   4. Torta sa sirom i kremom od vanilije ........................................... 17
   5. Confetti Oreo Cheesecake Pops ................................................ 19
   6. Brownie Cheesecake Pops ........................................................ 21
   7. Krema od limuna i sira za kolače .............................................. 23
   8. Torta od sira od čokoladne kornjače ......................................... 26
   9. S'mores kolači od sira ................................................................ 28
   10. Raspberry Cheesecake Pops .................................................. 31
   11. Raspberry Cheesecake Pops .................................................. 33
   12. Mission Fig Cheesecake Pops ................................................. 35
   13. Berry Cheesecake Pops .......................................................... 38
   14. Citrus Cheesecake Pops ......................................................... 41
   15. Torta od sira od trešanja ......................................................... 44
   16. Kolač od sira od jagoda ........................................................... 47
   17. Torta od sira s limunom i borovnicom ..................................... 50
ZABAVNI I ŠARENI KOLAČI ZA TORTE ......................................... 52
   18. Cotton Candy Cake Pops ........................................................ 53
   19. Funfetti Confetti Cake Pops ..................................................... 55
   20. Cake Pops s vanilijom i posipom ............................................. 58
   21. Truffula Tree Cake Pops .......................................................... 61
   22. Kokice za rođendansku tortu ................................................... 64
   23. Cake Pops sa liofiliziranim kuglicama ..................................... 66
   24. Zabavni i svečani kolačići ....................................................... 68
   25. Rainbow Swirl Cake Pops ....................................................... 70
   26. Jednorog kolačići ..................................................................... 72
   27. Galaxy Cake Pops ................................................................... 74
ČOKOLADNI KOLAČ POPS ............................................................. 76
   28. Kuglice za tortu od čokolade .................................................... 77
   29. Chocolate and Candy Melts Cake Pops .................................. 80
   30. Njemački čokoladni kolačići ..................................................... 83
   31. Torte od bundeve obložene čokoladom .................................. 86
   32. Čokoladno narančasti kolačići ................................................. 88
   33. Horchata tartuf od bijele čokolade ........................................... 91
   34. Triple Chocolate Cake Pops .................................................... 93
   35. Torte od bijele čokolade ........................................................... 97

   36. Čokoladni kolačići od mente .................................................................99
   37. Starbucks čokoladni kolačići ..............................................................102
   38. Čokoladni espresso kolačići ...............................................................104
   39. Red Velvet Cake Pops .........................................................................106

## VOĆNI KOLAČ POPS ............................................................................. 108
   40. Torta s limunom i malinom ................................................................109
   41. Torte od kolača s jagodama ................................................................112
   42. Key Lime Cake Pops ...........................................................................115
   43. Pita od jabuka Cake Pops ...................................................................117
   44. Lubenica Pops .....................................................................................119
   45. Čokoladni kolači s malinama .............................................................121
   46. Brusnica Naranča Vanilija Cake Pops ................................................124
   47. Torte s tropskim voćem .......................................................................128
   48. Kiwi Strawberry Cake Pops ................................................................130
   49. Banana Split Cake Pops ......................................................................132
   50. Torte od miješanog bobičastog voća ..................................................134
   51. Ananas naopačke kolačići ...................................................................136
   52. Kokos limeta kolačići ..........................................................................138
   53. Čokoladni kolač od maline .................................................................140
   54. Jabuka i cimet kolačići ........................................................................142

## CVJETNE TORTE POPS ......................................................................... 144
   55. Jasmine Cake Pops ..............................................................................145
   56. Hibiskus Cake Pops ............................................................................147
   57. Kamilica i limun kolačići ....................................................................149
   58. Violet Cake Pops .................................................................................151
   59. Rose Cake Pops ...................................................................................153
   60. Medeni kolač od lavande ....................................................................155

## TORTA OD ŽITARICA ............................................................................ 157
   61. Froot Loops Cake Pops .......................................................................158
   62. Voćni Pebble Cake Pops .....................................................................160
   63. Trix kolačići od žitarica .......................................................................162
   64. Cheerios Banana Cake Pops ...............................................................164
   65. Cinnamon Toast Crunch Cake Pops ..................................................167
   66. Lucky Charms čokoladne žitarice ......................................................169
   67. Čokoladni kolači s bademom i žitaricama .........................................171
   68. Nugat Pops ...........................................................................................173

## KARAMEL TORTA POPS ....................................................................... 175
   69. Kuglice za tortu Dulce de Leche ........................................................176
   70. Caramel Jabuka Donut Cake Pops .....................................................178
   71. Kuglice za tortu od slane karamele ....................................................181
   72. Caramel Chocolate Cake Pops ...........................................................184
   73. Karamel kokos kolačići .......................................................................186
   74. Caramel Pecan Cake Pops ..................................................................188

75. Caramel Banana Cake Pops .................................................................. 190
## KOLAČIĆ TORTA POPS ............................................................................. 192
76. Kolačići i kreme za kolače ............................................................... 193
77. Biscoff Cake Pops ............................................................................. 196
78. Zamrznuti kolačići sa životinjama .................................................. 198
79. Torte za rođendanske kolačiće ....................................................... 200
80. Cake Pops s čokoladnim kolačićima ............................................... 202
81. Lofthouse Cookie Cake Pops ........................................................... 205
82. Pops od tijesta za kolače ................................................................. 207
## BLAGDANSKI KOLAČ POPS .................................................................... 209
83. Torte za Valentinovo ....................................................................... 210
84. Halloween Cake Pops ...................................................................... 212
85. Uskrsni kolačići ................................................................................. 214
86. Četvrti srpnja Cake Pops ................................................................. 216
87. Torte za Dan zahvalnosti ................................................................. 218
88. Torte za dan sv. Patrika ................................................................... 220
89. Hanuka Cake Pops ............................................................................ 222
90. Božićni Popovi .................................................................................. 224
## VEGGIE TORTA POPS ............................................................................. 227
91. Cake Pops od tikvica ........................................................................ 228
92. Čokoladni kolačići od cikle .............................................................. 230
93. Torte sa začinima od slatkog krumpira ......................................... 232
94. Pumpkin Spice Cake Pops ............................................................... 234
95. Ube Cake Pops .................................................................................. 236
96. Kolač od mrkve Pops ....................................................................... 238
## TORTA OD ORAŠA I SJEMENKI ............................................................. 240
97. Almond Joy Cake Pops .................................................................... 241
98. Torte s maslacem od sjemenki suncokreta .................................. 243
99. Pistacije Cake Pops .......................................................................... 245
100. Torte s limunovim sjemenkama i makom ................................... 247
## ZAKLJUČAK ............................................................................................. 249

# UVOD

Dobrodošli u "UMJETNOST KAKE POPSA", gdje krećemo na prekrasno putovanje u svijet blaženstva veličine zalogaja. Cake pops, svojim otkačenim šarmom i neodoljivim okusima, osvojili su srca i okusne pupoljke ljubitelja slastica diljem svijeta. U ovom sveobuhvatnom vodiču proniknut ćemo u umjetnost i tehniku stvaranja ovih minijaturnih čuda, nudeći 100 neodoljivih recepata koji će nadahnuti vaše avanture pečenja.

Čarolija cake popsa leži u njihovoj svestranosti – oni nisu samo deserti; to su jestiva umjetnička djela. Od klasičnih okusa poput vanilije i čokolade do egzotičnih kombinacija poput crvenog baršuna i matche, mogućnosti su beskrajne. Uz malo kreativnosti i dašak mašte, možete pretvoriti jednostavne torte u zadivljujuće središnje dijelove za svaku priliku.

Ali svladavanje umjetnosti cake popsa nadilazi samo praćenje recepta. Riječ je o razumijevanju znanosti pečenja, svladavanju tehnika oblikovanja i ukrašavanja te prožimanju svake kreacije ljubavlju i strašću. Bez obzira jeste li iskusan pekar ili početnik u kuhinji, ova će vas kuharica voditi kroz svaki korak procesa, od miješanja savršenog tijesta za kolače do svladavanja umjetnosti umakanja i ukrašavanja.

Dakle, zgrabite svoje zdjelice za miješanje i pripremite se da oslobodite svog unutarnjeg umjetnika dok zajedno krećemo na ovo slatko putovanje. Bilo da pečete za rođendansku zabavu, svadbu ili samo ugodnu večer, "UMJETNOST KAKE POPSA" ima za svakoga ponešto. Zasučimo rukave, obrišite prašinu s pregača i neka čarolija počne!

# TORTA SA SIROM ISKAZE

## 1. Torta od sira od trešanja

**SASTOJCI:**
**TORTA OD SIRA:**
- 2 šalice sirovih indijskih oraščića
- ½ šalice čistog javorovog sirupa
- ½ šalice konzerviranog kokosovog mlijeka
- 2 žlice soka od limuna
- Prstohvat soli
- 1 puna šalica svježih Montmorency višanja

**KORA:**
- 1 šalica sirovih polovica oraha
- 6 Medjool datulja bez koštica
- ½ žličice ekstrakta vanilije
- Prstohvat soli

**UPUTE:**
a) Započnite s namakanjem indijskih oraščića u vodi najmanje 15-30 minuta.
b) Za koru, sjediniti orahe i datulje u multipraktiku dok se ne usitne. Dodajte ekstrakt vanilije i miksajte dok se smjesa ne sjedini. Obložite kalup za pečenje papirom za pečenje i čvrsto pritisnite smjesu na dno da se napravi korica. Staviti na stranu.
c) Nakon što se indijski oraščići namoče, pomiješajte ih u multipraktiku s javorovim sirupom, kokosovim mlijekom, limunovim sokom i soli dok ne postanu glatki i kremasti, nalik na humus. Ovo će trajati otprilike 5 do 8 minuta, ovisno o veličini procesora hrane. Na pripremljenu koru izlijte nadjev za tortu od sira i ravnomjerno je poravnajte.
d) Rasporedite Montmorency tart višnje na vrh torte od sira i nježno ih utisnite u nadjev.
e) U tortu od sira umetnite 18 štapića sladoleda, 3 štapića po širini i 6 štapića po dužini. Stavite kolač od sira u zamrzivač dok se ne stegne, otprilike 4 sata.
f) Neposredno prije posluživanja izvadite kolač od sira iz zamrzivača i ostavite da se malo odmrzne 5-10 minuta dok ne postane dovoljno mekan za rezanje.
g) Cheesecake narežite na štapiće tako da dobijete 18 kockica i odmah poslužite. Sve ostatke možete pohraniti u zamrzivač dok ne budete spremni za jelo.

## 2.Kuglice za tortu od crvenog baršuna i sira

**SASTOJCI:**
**ZA KUGLICE ZA TORTU:**
- 1 kutija red velvet mješavine za kolače
- ½ šalice neslanog maslaca, omekšalog
- ½ šalice mlaćenice
- 3 velika jaja

**ZA GLAZURU OD KREMNOG SIRA:**
- 1 paket (8 unci) krem sira, omekšali
- ¼ šalice neslanog maslaca, omekšalog
- 3 šalice šećera u prahu
- 1 žličica ekstrakta vanilije

**ZA PREMAZ ZA BOMBONE:**
- 12 unci bijelih slatkiša ili komadića bijele čokolade
- Crvena gel boja za hranu (po izboru)
- Crvene baršunaste mrvice za kolač (za ukras, po želji)

**ZA SASTAVLJANJE KUGLICA ZA TORTU:**
- Štapići za kolače ili štapići za lizalice

**UPUTE:**
**ZA KUGLICE ZA TORTU:**
a) Zagrijte pećnicu na temperaturu navedenu na kutiji za smjesu za kolače.
b) Namastite i pobrašnite tepsiju ili je obložite papirom za pečenje.
c) U zdjeli za miješanje pripremite smjesu za kolač od crvenog baršuna prema uputama na pakiranju, koristeći neslani maslac, mlaćenicu i jaja.
d) Pecite kolač u prethodno zagrijanoj pećnici dok čačkalica zabodena u sredinu ne izađe čista.
e) Pustite da se kolač potpuno ohladi.

**ZA GLAZURU OD KREMNOG SIRA:**
f) U posebnoj zdjeli za miješanje izmiksajte omekšali krem sir i maslac dok ne postanu glatki i kremasti.
g) Postupno dodajte šećer u prahu i ekstrakt vanilije i nastavite miksati dok glazura ne postane glatka i razmaziva.

**ZA SASTAVLJANJE KUGLICA ZA TORTU:**
h) Ohlađeni kolač rukama ili kuhačom izmrvite u fine mrvice.

i) Umiješajte glazuru od krem sira u mrvice kolača dok se dobro ne sjedine.
j) Smjesu razvaljajte u male kuglice za kolače, otprilike veličine loptice za stolni tenis, i stavite ih na lim obložen papirom za pečenje.
k) Ohladite kuglice za kolače u hladnjaku oko 30 minuta ili dok se ne stvrdnu.

**ZA PREMAZ ZA BOMBONE:**
l) Otopite bijele bombone ili komadiće bijele čokolade prema uputama na pakiranju, koristeći mikrovalnu pećnicu ili kuhalo na paru.
m) Po želji, dodajte nekoliko kapi crvene gel boje za hranu u rastopljeni premaz slatkiša kako biste postigli živopisnu crvenu boju.

**ZAVRŠITI:**
n) Umočite vrh štapića za kolače u otopljeni premaz od slatkiša i umetnite ga u sredinu ohlađene kuglice za tortu, otprilike do polovice.
o) Umočite cijelu kuglu torte u otopljeni premaz od slatkiša, pazeći da je u potpunosti premazana.
p) Po želji, svaku kuglicu torte ukrasite mrvicama od crvenog baršuna za šarmantan dodir.
q) Stavite kuglice za torte uspravno u blok od stiropora ili stalak za kolače kako bi se premaz od slatkiša potpuno stvrdnuo.

### 3.Kuglice za tortu od sira od jagoda

**SASTOJCI:**
**ZA KUGLICE ZA TORTU:**
- 1 kutija smjese za kolače od jagoda
- ½ šalice neslanog maslaca, omekšalog
- ½ šalice punomasnog mlijeka
- 3 velika jaja

**ZA NADJEV ZA CHEESECAKE:**
- 1 paket (8 unci) krem sira, omekšali
- ¼ šalice granuliranog šećera
- 1 žličica ekstrakta vanilije

**ZA PREMAZ ZA BOMBONE:**
- 12 unci bijelih slatkiša ili komadića bijele čokolade
- 2 žlice biljnog ulja ili masti

**ZA GLAZURU OD JAGODA:**
- 1 šalica svježih jagoda, nasjeckanih
- ¼ šalice granuliranog šećera
- 1 žlica kukuruznog škroba
- 1 žlica vode

**ZA SASTAVLJANJE KUGLICA ZA TORTU:**
- Štapići za kolače ili štapići za lizalice

**UPUTE:**
**ZA KUGLICE ZA TORTU:**
a) Zagrijte pećnicu na temperaturu navedenu na kutiji za smjesu za kolače.
b) Namastite i pobrašnite tepsiju ili je obložite papirom za pečenje.
c) U zdjeli za miješanje pripremite smjesu za kolač od jagoda prema uputama na pakiranju, koristeći neslani maslac, punomasno mlijeko i jaja.
d) Pecite kolač u prethodno zagrijanoj pećnici dok čačkalica zabodena u sredinu ne izađe čista.
e) Pustite da se kolač potpuno ohladi.

**ZA NADJEV ZA CHEESECAKE:**
f) U posebnoj zdjeli za miješanje tucite omekšali krem sir, granulirani šećer i ekstrakt vanilije dok ne postane glatka i kremasta.
g) Za sastavljanje kuglica za tortu:

h) Ohlađeni kolač rukama ili kuhačom izmrvite u fine mrvice.
i) Umiješajte nadjev za tortu od sira u mrvice za tortu dok se dobro ne sjedini.
j) Smjesu razvaljajte u male kuglice za kolače, otprilike veličine loptice za stolni tenis, i stavite ih na lim obložen papirom za pečenje.
k) Ohladite kuglice za kolače u hladnjaku oko 30 minuta ili dok se ne stvrdnu.

## ZA PREMAZ ZA BOMBONE:
l) U zdjeli prikladnoj za mikrovalnu pećnicu otopite bijele bombone ili komadiće bijele čokolade s biljnim uljem ili mastima u kratkim intervalima, miješajući u međuvremenu dok ne postane glatka.

## ZA GLAZURU OD JAGODA:
m) U loncu pomiješajte nasjeckane jagode, granulirani šećer, kukuruzni škrob i vodu.
n) Kuhajte na srednje jakoj vatri uz stalno miješanje dok se smjesa ne zgusne i jagode ne razbiju u glazuru.
o) Maknite s vatre i ostavite da se glazura od jagoda ohladi.

## ZAVRŠITI:
p) Umočite vrh štapića za kolače u otopljeni premaz od slatkiša i umetnite ga u sredinu ohlađene kuglice za tortu, otprilike do polovice.
q) Umočite cijelu kuglu torte u otopljeni premaz od slatkiša, pazeći da je u potpunosti premazana.
r) Prelijte svaku kuglicu kolača ohlađenom glazurom od jagoda za divan završetak.
s) Stavite kuglice za torte uspravno u blok od stiropora ili stalak za kolače kako bi se premaz od slatkiša potpuno stvrdnuo.

## 4.Torta sa sirom i kremom od vanilije

**SASTOJCI:**
- 1 kutija žute smjese za kolače
- 2 žlice glazure od krem sira
- 1 kalup za kuglice za kolače
- 24 štapića za kolače
- 16 unci otopljene čokolade
- 1 žlica masti (podijeljena)
- Dodatno: prehrambene boje, posipi, kutija od stiropora

**UPUTE:**
a) Žutu smjesu za kolače pripremite prema uputama na pakiranju.
b) Kolač ostaviti da se ohladi pa ga ručno izmrviti u fine mrvice.
c) Umiješajte glazuru od krem sira u mrvice kolača sve dok smjesa ne postane kalupljiva, nalik na tijesto za igru.
d) Rukama oblikujte smjesu u 24 kuglice.
e) Rastopite malu količinu čokolade.
f) Vrhove svakog štapića za torte umočite u otopljenu čokoladu, pa ih umetnite u kuglice za torte.
g) Kuglice za tortu stavite u zamrzivač na 15 minuta da se stisnu.
h) Otopite 8 unci čokolade u koracima od 40 sekundi dok ne postane glatka, pazeći da se ne pregrije.
i) Po potrebi dodajte ½ žlice masti u otopljenu čokoladu kako biste postigli rjeđu konzistenciju.
j) Po želji u čokoladu dodajte prehrambenu boju.
k) Otopljenu čokoladu ulijte u visoku čašu za lakše umakanje.
l) Svaku kuglicu torte umočite u otopljenu čokoladu, pustite da sav višak iscuri dok okrećete kuglicu za tortu.
m) Brzo dodajte posipe prije nego što se čokolada stegne.
n) Stavite obložene kolače na papir za pečenje ili umetnite štapiće u blok od stiropora da se stvrdnu.
o) Ponovite postupak umakanja za preostale kuglice za kolače.
p) Ohladite cake popse dok ne budu spremni za posluživanje ili transport.

## 5.Confetti Oreo Cheesecake Pops

**SASTOJCI:**
- 8 unci krem sira, omekšalog
- ½ šalice (60 g) šećera u prahu
- ¼ šalice (58 g) kiselog vrhnja
- 6 žlica (90 ml) Oreo kreme za kekse
- ½ šalice Oreo kolačića, zdrobljenih
- 3 žlice posipa, plus dodatak za preljev
- 18 mini Oreo keksića
- 12 unci bijele čokolade za topljenje

**UPUTE:**

a) U mikseru s lopaticom pomiješajte omekšali krem sir, šećer u prahu, kiselo vrhnje i kremu s okusom Oreo keksa dok ne postane glatka i kremasta.

b) Umiješajte zdrobljene Oreo kekse i posipe dok se dobro ne sjedine.

c) Malom žlicom za kekse izvadite 18 kuglica na pleh obložen papirom za pečenje. Stavite pleh u zamrzivač na najmanje 2 sata, odnosno dok kuglice ne budu čvrste.

d) Otopite bijelu čokoladu u manjoj posudi.

e) Nakon što su kuglice temeljito zamrznute, dlanom oblikujte svaku kuglicu u kuglicu.

f) Vrh štapića lizalice umočite u otopljenu čokoladu, pa ga umetnite u kuglicu. Vratite kuglice u zamrzivač na još sat vremena kako biste bili sigurni da su štapići sigurni i da su kuglice čvrste.

g) Prepolovite 18 mini Oreo kolačića. Polovice s kremom ostavite sa strane, a preostale polovice zdrobite u mrvice.

h) Zagrijte čokoladu po potrebi. Svaku kuglicu umočite u otopljenu čokoladu, otkucajte višak.

i) Premazane kuglice stavite na pladanj obložen papirom za pečenje i odmah po gornjoj polovici svake kuglice pospite zdrobljene mini Oreo mrvice. Ponoviti za sve kuglice.

j) Pripremite malu zdjelu s posipom. Umočite donju polovicu svake kuglice natrag u otopljenu čokoladu, a zatim je premažite posipom. Premazane kuglice vratiti u pleh.

k) Prepolovite mini Oreo kekse i pričvrstite ih na kuglice s malo otopljene čokolade.

l) Stavite pops u hladnjak do neposredno prije posluživanja. Uživati!

# 6.Brownie Cheesecake Pops

**SASTOJCI:**
- 1 vrećica (10,25 unci) mješavine za slatki kolačić
- Voda, biljno ulje i jaje traženi su na vrećici mješavine za kolače
- 3 paketa (svaki po 8 unci) krem sira, omekšalog
- 1 šalica kremastog maslaca od kikirikija
- ¾ šalice šećera
- 4 jaja
- 24 štapića za izradu (ravni drveni štapići s okruglim krajevima)
- 1 šalica komadića tamne čokolade (6 unci)
- ½ šalice vrhnja za šlag
- 4 pravokutnika graham krekera, zdrobljena

**UPUTE:**
a) Zagrijte pećnicu na 350°F. Pošpricajte četvrtastu tavu od 8 inča sprejom za kuhanje. Pripremite i ispecite brownie smjesu prema uputama na vrećici, koristeći vodu, ulje i jaje. Pustiti da se potpuno ohladi.

b) Smanjite temperaturu pećnice na 300°F. Obložite dno i stranice posude veličine 13x9 inča folijom, ostavljajući foliju da visi na dvije suprotne strane posude. Poprskajte foliju sprejom za kuhanje. U velikoj zdjeli pomiješajte krem sir, maslac od kikirikija i šećer električnom miješalicom na srednjoj brzini dok ne postane svijetlo i pjenasto. Dodajte jedno po jedno jaje, tukući samo dok se ne sjedine. Ohlađene browniese narežite na komade od ½ inča. Umiješajte komade brownieja u tijesto, a zatim izlijte smjesu u pripremljenu posudu.

c) Pecite 45 do 50 minuta ili dok se sredina ne postavi. Ohladite na rešetki za hlađenje 30 minuta. Stavite u hladnjak na najmanje 6 sati ili preko noći. Pomoću folije podignite kolač od sira iz kalupa, a zatim ga izrežite na 8 reda po 3 reda. Pritisnite štapić za izradu 1 ½ inča u jedan kraj svakog komada kolača od sira.

d) U mikrovalnoj zdjeli stavite komadiće čokolade i vrhnje za šlag bez poklopca na High 1 do 2 minute ili dok smjesa ne postane glatka. Ohladite 5 minuta.

e) Svaki kolač od sira do pola umočite u čokoladu, a zatim strane umočite u zdrobljene mrvice graham krekera. Pops čuvajte u hladnjaku. Uživati!

# 7.Krema od limuna i sira za kolače

## SASTOJCI:
### CAKE POPS:
- 1 serija kolača od limuna i mlaćenice, pečenog i ohlađenog
- 1 šarža glazure od krem sira
- 1-2 pakiranja bijelih bombona od vanilije
- Candy melt boja (po izboru)
- prskalice (nije obavezno)
- 50 štapića za lizalice od 4 inča

### TORTA OD LIMUNSKOG MLAĆENICE:
- 3 ½ šalice (349 grama) brašna za kolače
- 2 šalice (383 grama) granuliranog šećera
- 1 žlica praška za pecivo
- ½ žličice soli
- 1 šalica neslanog maslaca (2 štapića, 459 grama), sobne temperature
- 1 šalica mlaćenice (3,5 dl), sobne temperature
- 4 velika jaja, sobne temperature
- 2 velika bjelanjka sobne temperature
- 1 žličica ekstrakta vanilije
- 1 žličica ekstrakta limuna
- Korica jednog velikog ili dva manja limuna

### GLAZURA OD KREMNOG SIRA:
- 16 unci (454 grama) krem sira, omekšali
- ½ šalice neslanog maslaca (230 grama), sobne temperature
- 1 žličica ekstrakta vanilije
- 2 ½ šalice (325 grama) slastičarskog šećera
- Prstohvat soli

## UPUTE:
### CAKE POPS:
a) Prstima izmrvite ohlađene kolače od limuna i mlaćenice u veliku zdjelu dok se ne razlome na komadiće veličine graška.

b) Umiješajte otprilike ⅔ glazure od krem sira dok se ravnomjerno ne raspodijeli. Dodajte još glazure ako je potrebno dok smjesa ne postane dovoljno vlažna za valjanje u netaknute kuglice.

c) Smjesu za kolač razvaljajte u kuglice (svaku oko 2 žlice) i stavite ih na lim za pečenje obložen pergamentom ili voštanim papirom. Ohladite u hladnjaku oko 30 minuta.
d) Nakon hlađenja, umetnite štapić lizalice u svaku kuglicu za tortu, umočite oko ½ inča štapića u otopljenu otopinu slatkiša da se zalijepi.
e) Postavite cake pops natrag na pergament i zamrznite 30-60 minuta prije premazivanja kako biste olakšali umakanje.
f) Nakon što se ohladi, umočite svaki kolačić u otopljenu otopinu slatkiša, pazeći da premaz prekrije mjesta na kojima je štapić pričvršćen. Uklonite višak premaza i po želji ukrasite posipom.
g) Ostavite cake pops da se suši uspravno najmanje sat vremena prije pakiranja ili posluživanja.

**TORTA OD LIMUNSKOG MLAĆENICE:**
h) Zagrijte pećnicu na 350°F. Maslacem i brašnom pospite dva okrugla kalupa za tortu od 8 ili 9 inča.
i) U zdjelu samostojećeg miksera prosijte ili pjenasto pomiješajte brašno za kolače, šećer, prašak za pecivo, sol i koricu limuna. Dodajte maslac i pola mlaćenice, zatim tucite na srednje niskoj brzini dok se ne sjedini i postane glatko.
j) U posebnoj posudi umutite jaja, bjelanjke, ostatak mlaćenice, ekstrakt vanilije i ekstrakt limuna. Dodajte u tijesto u 3 dodavanja, miksajući na srednjoj brzini 2 minute nakon svakog dodavanja.
k) Ravnomjerno podijelite tijesto između pripremljenih posuda i pecite 35-40 minuta ili dok čačkalica zabodena u sredinu ne izađe čista. Ohladite u posudama prije nego što ih okrenete na rešetke da se potpuno ohlade.

**GLAZURA OD KREMNOG SIRA:**
l) U samostojećem mikseru pomiješajte omekšali krem sir i maslac, muteći na srednjoj do visokoj brzini dok smjesa ne postane glatka.
m) Dodajte ekstrakt vanilije i sol, miješajte dok se ne sjedini.
n) Postupno dodajte slastičarski šećer, tukući dok ne postane svijetlo i pjenasto, oko 3-4 minute.

## 8.Torta od sira od čokoladne kornjače

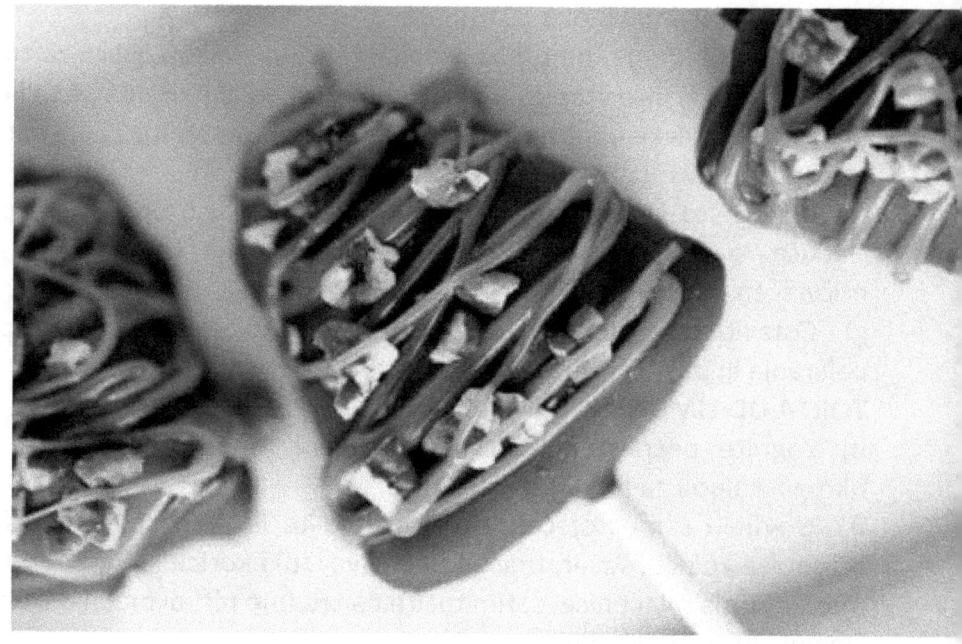

## SASTOJCI:
- 1 smrznuti kolač od sira kupljen u trgovini, odmrznut (kao što je Sara Lee)
- 2 šalice poluslatkih komadića čokolade
- 2 pune žlice kokosovog ili biljnog ulja
- 20 karamela
- 2 žlice gustog vrhnja
- ⅓ šalice nasjeckanih oraha oraha

## UPUTE:
a) Odmrznuti kolač od sira narežite na 8 trokutastih kriški. Umetnite štapić za sladoled sa strane svake kriške. Stavite kriške sa štapićima sladoleda u zamrzivač na 2 sata.

b) U zdjeli prikladnoj za mikrovalnu pećnicu pomiješajte komadiće čokolade i kokosovo ili biljno ulje. Pecite u mikrovalnoj pećnici na visokoj razini 1 minutu. Miješajte dok se potpuno ne otopi. Po potrebi stavite u mikrovalnu još 15-30 sekundi.

c) Izvadite kriške cheesecakea iz zamrzivača. Držite jednu po jednu krišku nad zdjelom s otopljenom čokoladom i žlicom stavljajte čokoladu preko kolača od sira dok ne bude potpuno prekriven. Stavite svaku krišku prekrivenu čokoladom na lim za kolačiće obložen pergamentom ili voštanim papirom. Ponovite za preostale kriške.

d) Za preljev od karamele zagrijte karamele i vrhnje u posudi za mikrovalnu pećnicu na 50% snage, miješajući svakih 30 sekundi, dok se ne otope i postanu glatki.

e) Prelijte otopljenu karamelu preko kriški kolača od sira prekrivenih čokoladom i po vrhu pospite nasjeckane pekan orahe. Radite ovo jednu po jednu krišku jer se karamela brzo suši.

f) Čuvajte čokoladne kornjače cheesecake pops pokrivene u hladnjaku do 5 dana.

g) Uživajte u ukusnom kolaču od sira od čokoladne kornjače!

# 9.S'mores kolači od sira

**SASTOJCI:**
- 10 graham krekera
- 8 žlica maslaca, otopljenog
- 16 unci krem sira, omekšalog
- ½ šalice šećera u prahu
- 2 žličice ekstrakta vanilije
- 3 šalice mini marshmallowa
- 4 unce bijele čokolade, otopljene
- 16 unci mliječne čokolade ili tamne čokolade, otopljene
- 2 žličice kokosovog ulja, po želji

**UPUTE:**
a) U vrećici za zamrzavanje ili procesoru hrane zdrobite graham krekere do konzistencije poput pijeska. Dodajte otopljeni maslac i miješajte dok se ne sjedini.
b) Premjestite smjesu u posudu za pečenje veličine 8x8 inča (20x20 cm) obloženu papirom za pečenje i čvrsto je nabijte kako biste formirali "koru". Zamrznite dok smjesa za tortu od sira ne bude gotova.
c) Dok se kora zamrzava, pomiješajte krem sir, šećer i ekstrakt vanilije i miješajte dok ne postane glatko.
d) Marshmallow rasporedite na lim obložen papirom za pečenje. Pecite marshmallows otprilike 1-2 minute, pažljivo pazeći da ne zagore, već da poprime zlatnosmeđu boju za prepečeni okus.
e) Pažljivo ostružite tostirane marshmallowe s lima u smjesu za kolač od sira. Temeljito promiješajte.
f) Premjestite tostiranu smjesu za tortu od marshmallow sira u posudu za pečenje na vrh kore i zagladite dok se ne ujednači.
g) Zamrznite najmanje 1 do 2 sata dok smjesa ne postane dovoljno čvrsta za rezanje. Složeni cheesecake izvadite iz posude i izrežite na jednake kvadratne oblike, ovisno o željenoj veličini popsa.
h) Umočite svaki štapić u otopljenu bijelu čokoladu i stavite ga u svaki izrezani kvadrat kako biste učvrstili štapiće u kolaču od sira. Zamrznite dok ne postane čvrsto, oko jedan sat.
i) Stavite mliječnu (ili tamnu) čokoladu u mikrovalnu u koracima od 15 do 30 sekundi da se otopi, svaki put dobro promiješajući. Dodajte kokosovo ulje ako vam se čokolada čini pregusta za umakanje.
j) Umočite garnituru u čokoladu i stavite je uspravno da se stegne (kartonska kutija ili komad stiropora najbolje funkcionira ako nemate stalak).
k) Ukrasite preostalom bijelom čokoladom i mljevenim graham krekerima.
l) Uživajte u ukusnim S'mores kolačima od sira!

## 10.Raspberry Cheesecake Pops

**SASTOJCI:**
- 2 žlice gustog vrhnja
- 8 unci krem sira, omekšali
- ½ šalice Swerve u prahu
- Prstohvat morske soli
- 1 žličica vanilije stevije
- 1 ½ žličice ekstrakta maline
- 2-3 kapi prirodne crvene prehrambene boje
- ¼ šalice otopljenog kokosovog ulja
- 1 ½ šalice čokoladnih komadića, bez šećera

**UPUTE:**
a) Za početak, mikserom temeljito izmiješajte skutu i krem sir dok ne postanu kremasti.
b) Pomiješajte vrhnje, ekstrakt maline, steviju, sol i prehrambenu boju u velikoj posudi za miješanje.
c) Uvjerite se da je sve dobro iskombinirano.
d) Dodajte svoje kokosovo ulje i miješajte na visokoj razini dok se sve dobro ne sjedini.
e) Ne zaboravite ostrugati stijenke svoje zdjele onoliko često koliko je potrebno. Ostavite da odstoji u hladnjaku jedan sat. Ulijte tijesto u posudu za kolače promjera oko ¼ inča, a zatim na lim za pečenje koji ste prethodno obložili papirom za pečenje.
f) Zamrznite ovu smjesu na sat vremena, a zatim je premažite otopljenom čokoladom kako biste je dovršili! Prije posluživanja potrebno ga je staviti u hladnjak na još sat vremena da se stegne.

## 11. Raspberry Cheesecake Pops

**SASTOJCI:**
- 1 šalica krem sira, omekšalog
- 1/2 šalice mrvica graham krekera
- 1/4 šalice džema od malina
- 1 šalica komadića bijele čokolade
- 1 žlica kokosovog ulja

**UPUTE:**

a) U zdjeli pomiješajte krem sir, mrvice graham krekera i džem od malina dok ne postane glatko.
b) Od smjese oblikujte male kuglice i stavljajte ih na obložen pleh.
c) Otopite komadiće bijele čokolade s kokosovim uljem u mikrovalnoj pećnici ili na pari.
d) Svaku kuglicu kolača od sira umočite u otopljenu bijelu čokoladu i ravnomjerno premažite.
e) Premazane kuglice stavite natrag na pleh i ostavite u hladnjaku dok se čokolada ne stvrdne.
f) Poslužite ohlađeno i uživajte u okusu kolača od maline!

## 12.Mission Fig Cheesecake Pops

## SASTOJCI:
### ZA Popove:
- 1 1/2 šalice zdrobljenih graham krekera
- 1/4 šalice neslanog maslaca, otopljenog
- 1 šalica krem sira, omekšalog
- 1/4 šalice šećera u prahu
- 1/4 šalice konzerviranih smokava
- 1/2 žličice ekstrakta vanilije
- Prstohvat soli
- 1 šalica suhih smokava, sitno nasjeckanih
- 8 unci bijele čokolade, za umakanje
- 1 žlica biljnog ulja

### ZA KOMPOT SMOKVA:
- 1 šalica suhih smokava, nasjeckanih
- 1/2 šalice vode
- 1/4 šalice šećera
- 1/2 žličice limunove korice
- 1/2 žličice soka od limuna

### ZA GANACHE:
- 4 unce poluslatke čokolade, nasjeckane
- 1/2 šalice gustog vrhnja

## UPUTE:
### PRIPREMITE KOMPOT OD SMOKAVA:
a) U malom loncu pomiješajte nasjeckane suhe smokve, vodu, šećer, limunovu koricu i limunov sok.

b) Zakuhajte smjesu na srednjoj vatri, zatim smanjite vatru i ostavite da lagano kuha oko 10 minuta, ili dok smokve ne omekšaju i smjesa se zgusne.

c) Maknite s vatre i ostavite da se ohladi. Eventualni višak kompota možete čuvati u hladnjaku.

### NAPRAVITE NADJEV ZA CHEESECAKE:
d) U srednjoj posudi za miješanje pomiješajte krem sir, šećer u prahu, konzervirane smokve, ekstrakt vanilije i prstohvat soli.

e) Miksajte dok se svi sastojci dobro ne sjedine i postanu glatki.

### SASTAVITE POPS:

f) U posebnoj posudi za miješanje pomiješajte zdrobljene graham krekere i otopljeni maslac. Miješajte dok se mrvice ravnomjerno ne prekriju maslacem.
g) Uzmite malu količinu smjese za graham kreker i utisnite je u dno silikonskog kalupa ili obične posude za led, stvarajući sloj korice.
h) Žlicom stavite malu količinu nadjeva za tortu od sira na koru graham krekera u svakom kalupu.
i) Na nadjev od sirnice dodajte malu žlicu kompota od smokava.
j) Po kompotu pospite obilan prstohvat sitno nasjeckanih suhih misijskih smokava.
k) Prelijte svaki kalup s još nadjeva za tortu od sira, tako da potpuno prekrijete kompot od smokava.
l) Zamrznite kalupe najmanje 2 sata, ili dok ne očvrsnu.

**NAPRAVITE ČOKOLADNI GANACHE:**
m) U zdjeli prikladnoj za mikrovalnu pomiješajte nasjeckanu poluslatku čokoladu i jako vrhnje.
n) Stavite u mikrovalnu pećnicu u intervalima od 30 sekundi, miješajući između vremena, dok se čokolada potpuno ne otopi i smjesa postane glatka. Alternativno, možete otopiti čokoladu na ploči štednjaka pomoću kuhala na paru.

**SASTAVITE POPS:**
o) Izvadite smrznute cheesecake Pops iz kalupa.
p) U zdjeli prikladnoj za mikrovalnu otopite bijelu čokoladu i biljno ulje u intervalima od 30 sekundi, miješajući između, dok smjesa ne postane glatka.
q) Umočite svaki Pops u otopljenu bijelu čokoladu, pazeći da su ravnomjerno obloženi. Pustite da sav višak čokolade iscuri.
r) Premazane kolačiće stavite na pleh obložen papirom za pečenje.
s) Prelijte čokoladni ganache preko Popsa i ostavite da se stegne.
t) Poslužite i uživajte u Mission Fig Cheesecake Pops!

## 13. Berry Cheesecake Pops

**SASTOJCI:**
**ZA NADJEV ZA CHEESECAKE OD BOBIĆA:**
- 8 oz krem sira, omekšali
- 1/4 šalice šećera u prahu
- 1/2 žličice ekstrakta vanilije
- 1/2 šalice miješanog bobičastog voća (jagode, borovnice, maline, itd.), sitno nasjeckanog

**ZA VANJSKI ČOKOLADNI PREMAZ:**
- 8 oz kvalitetne poluslatke ili tamne čokolade, nasjeckane
- 1 žlica biljnog ulja ili kokosovog ulja (po izboru, za glatkiji premaz)

**UPUTE:**
**PRIPREMITE NADJEV ZA CHEESECAKE OD BOBIĆA:**
a) U zdjeli za miješanje tucite omekšali krem sir dok ne postane glatko i kremasto.
b) Dodajte šećer u prahu i ekstrakt vanilije i miješajte dok se dobro ne sjedini.
c) Nježno umiješajte sitno nasjeckano bobičasto voće, pazeći da ne izmiješate previše kako biste zadržali teksturu.

**OBLIKOVATI NADJEV:**
d) Pleh ili tepsiju obložiti papirom za pečenje.
e) Malom žličicom ili kuglicom za dinju grabite male dijelove nadjeva za tortu od sira i oblikujte ih u male kuglice. Stavite ih na papir za pečenje.
f) Stavite pleh u zamrzivač na oko 20-30 minuta da se fil stegne.

**PRIPREMITE ČOKOLADNI PRELIV:**
g) U zdjeli prikladnoj za mikrovalnu pećnicu ili na parnom kotlu otopite nasjeckanu čokoladu. Ako koristite, dodajte biljno ulje kako biste stvorili glatkiji i tanji premaz čokolade.

**PREMAŽI POPS:**
h) Izvadite nadjev za tortu od sira iz zamrzivača.
i) Pomoću vilice ili čačkalice umočite svaku kuglicu kolača od sira u otopljenu čokoladu, pazeći da bude potpuno obložena.
j) Pustite da sav višak čokolade iscuri, a zatim stavite obložene kolače natrag na pladanj obložen papirom za pečenje.

**OHLADITE I POSTAVITE:**
k) Stavite pladanj s premazanim kockicama u hladnjak i ostavite ih da se ohlade oko 30 minuta, odnosno dok se čokoladni premaz ne stegne.
l) Nakon što se Pops potpuno stegne, možete ih prebaciti na tanjur za posluživanje ili ih pohraniti u hermetički zatvorenu posudu u hladnjaku.

# 14. Citrus Cheesecake Pops

**SASTOJCI:**
**ZA CITRUSNI PATE DE FRUIT GEL:**
- 1 šalica soka od citrusa (limun, limeta, naranča ili mješavina)
- 1/4 šalice granuliranog šećera
- 2 žlice pektina
- Korica citrusnog voća
- Žuta i narančasta prehrambena boja (po izboru)

**ZA GANACHE OD KREM SIRA:**
- 8 oz krem sira, omekšali
- 1/2 šalice bijele čokolade, nasjeckane
- 1/4 šalice gustog vrhnja
- 2 žlice neslanog maslaca
- 1 žličica čistog ekstrakta vanilije

**ZA DNO ZA KOLAČIĆE SA CIJEVIMA:**
- 1/2 šalice neslanog maslaca, omekšalog
- 1/4 šalice granuliranog šećera
- 1 šalica višenamjenskog brašna
- 1/4 žličice soli
- 1/2 žličice čistog ekstrakta vanilije

**ZA ALTERNATIVU BEZ OREŠTAKA:**
- Koristite maslac od suncokretovih sjemenki ili neki drugi namaz bez orašastih plodova umjesto dna kolačića.

**UPUTE:**
**ZA CITRUSNI PATE DE FRUIT GEL:**
a) U loncu pomiješajte sok citrusa i šećer. Zagrijte na srednje niskoj temperaturi, miješajući dok se šećer ne otopi.
b) U posebnoj posudi pomiješajte pektin s malo vode da dobijete kašu. Dodajte ovu smjesu u smjesu citrusa i neprestano miješajte.
c) Zagrijte smjesu do vrenja pa smanjite vatru i kuhajte 2-3 minute dok se ne zgusne.
d) Maknite s vatre, umiješajte koricu citrusa i po želji dodajte prehrambene boje.
e) Ulijte gel u silikonski kalup ili obloženu tepsiju i ostavite da se ohladi te odložite u hladnjak na nekoliko sati ili dok se ne stegne.
**ZA GANACHE OD KREM SIRA:**

f) Otopite bijelu čokoladu u mikrovalnoj pećnici ili na pari i ostavite sa strane da se malo ohladi.
g) U zdjeli za miješanje tucite omekšali krem sir dok ne postane glatko i kremasto.
h) U malom loncu zagrijte vrhnje i maslac dok ne zagriju, ali ne proključaju. Prelijte ovo preko otopljene bijele čokolade i miješajte dok ne postane glatko.
i) Dodajte smjesu bijele čokolade i ekstrakt vanilije u krem sir i miješajte dok se dobro ne sjedini. Ostaviti sa strane da se ohladi.

**ZA DNO ZA KOLAČIĆE SA CIJEVIMA:**
j) U zdjeli za miješanje umutite omekšali maslac i šećer dok ne postane svijetla i pjenasta.
k) Dodajte ekstrakt vanilije, brašno i sol. Miješajte dok se ne formira tijesto.
l) Premjestite tijesto u vrećicu s velikim okruglim vrhom.
m) Ulijte malu količinu tijesta na dno kalupa za Pops.

**SKUPŠTINA:**
n) Nanesite malu količinu Ganachea od krem sira na dno kolačića u kalupima.
o) Stavite komadić Citrus Pipeable Pate de Fruit Gel na vrh ganachea.
p) Nanesite još jedan sloj Cream Cheese Ganachea preko gela, puneći kalupe do vrha.
q) Pustite Pops da odstoji u hladnjaku nekoliko sati ili dok se ne stegne.
r) Čuvajte Citrus Cheesecake Pops u hermetički zatvorenoj posudi u hladnjaku za dulji rok trajanja. Pravilno skladištenje pomoći će održati njihovu svježinu i okus.

## 15.Torta od sira od trešanja

**SASTOJCI:**
**ZA NADJEV ZA CHEESECAKE OD VIŠNJA:**
- 8 oz krem sira, omekšali
- 1/4 šalice šećera u prahu
- 1/2 žličice ekstrakta vanilije
- 1/2 šalice konzerviranog nadjeva za pitu od višanja

**ZA VANJSKI ČOKOLADNI PREMAZ:**
- 8 oz kvalitetne bijele ili tamne čokolade, nasjeckane
- 1 žlica biljnog ulja ili kokosovog ulja (po izboru, za glatkiji premaz)

**UPUTE:**
**PRIPREMITE NADJEV ZA CHEESECAKE OD VIŠNJA:**
a) U zdjeli za miješanje tucite omekšali krem sir dok ne postane glatko i kremasto.
b) Dodajte šećer u prahu i ekstrakt vanilije i miješajte dok se dobro ne sjedini.
c) Nježno umiješajte nadjev za pitu od višanja iz konzerve, pazeći da ne izmiješate previše kako biste zadržali teksturu.
**OBLIKOVATI NADJEV:**
d) Pleh ili tepsiju obložiti papirom za pečenje.
e) Koristeći malu žličicu ili kuglicu za dinju, grabite male dijelove nadjeva od sira od višanja i oblikujte ih u male kuglice. Stavite ih na papir za pečenje.
f) 3. Zamrznite nadjev:
g) Stavite pleh u zamrzivač na oko 20-30 minuta da se fil stegne.
**PRIPREMITE ČOKOLADNI PRELIV:**
h) U zdjeli prikladnoj za mikrovalnu pećnicu ili na parnom kotlu otopite nasjeckanu čokoladu. Ako koristite, dodajte biljno ulje kako biste stvorili glatkiji i tanji premaz čokolade.
i) Izvadite nadjev za tortu od sira iz zamrzivača.
j) Pomoću vilice ili čačkalice umočite svaku kuglicu kolača od trešanja u otopljenu čokoladu, pazeći da bude potpuno obložena.
k) Pustite da sav višak čokolade iscuri, a zatim stavite obložene kolače natrag na pladanj obložen papirom za pečenje.
**OHLADITE I POSTAVITE:**
l) Stavite pladanj s premazanim kockicama u hladnjak i ostavite ih da se ohlade oko 30 minuta, odnosno dok se čokoladni premaz ne stegne.
m) Nakon što se Pops potpuno stegne, možete ih prebaciti na tanjur za posluživanje ili ih pohraniti u hermetički zatvorenu posudu u hladnjaku.

# 16.Kolač od sira od jagoda

**SASTOJCI:**
**ZA NADJEV OD CHEESECAKEA OD JAGODA:**
- 8 oz krem sira, omekšali
- 1/4 šalice šećera u prahu
- 1/2 žličice ekstrakta vanilije
- 1/2 šalice svježih jagoda, sitno nasjeckanih

**ZA VANJSKI ČOKOLADNI PREMAZ:**
- 8 oz kvalitetne bijele ili tamne čokolade, nasjeckane
- 1 žlica biljnog ulja ili kokosovog ulja (po izboru, za glatkiji premaz)

**UPUTE:**
**NADJEV ZA CHEESECAKE OD JAGODA PRIPREMITE:**
a) U zdjeli za miješanje tucite omekšali krem sir dok ne postane glatko i kremasto.
b) Dodajte šećer u prahu i ekstrakt vanilije i miješajte dok se dobro ne sjedini.
c) Nježno umiješajte sitno nasjeckane svježe jagode, pazeći da ne izmiješate previše kako biste zadržali teksturu.
**OBLIKOVATI NADJEV:**
d) Pleh ili tepsiju obložiti papirom za pečenje.
e) Malom žličicom ili kuglicom za dinju grabite male dijelove nadjeva za tortu od sira od jagoda i oblikujte ih u male kuglice. Stavite ih na papir za pečenje.
f) Stavite pleh u zamrzivač na oko 20-30 minuta da se fil stegne.
**PRIPREMITE ČOKOLADNI PRELIV:**
g) U zdjeli prikladnoj za mikrovalnu pećnicu ili na parnom kotlu otopite nasjeckanu čokoladu. Ako koristite, dodajte biljno ulje kako biste stvorili glatkiji i tanji premaz čokolade.
h) Izvadite nadjev za tortu od sira iz zamrzivača.
i) Pomoću vilice ili čačkalice umočite svaku kuglicu kolača od jagoda u otopljenu čokoladu, pazeći da bude potpuno obložena.
j) Pustite da sav višak čokolade iscuri, a zatim stavite obložene kolače natrag na pladanj obložen papirom za pečenje.
**OHLADITE I POSTAVITE:**
k) Stavite pladanj s premazanim kockicama u hladnjak i ostavite ih da se ohlade oko 30 minuta, odnosno dok se čokoladni premaz ne stegne.
l) Nakon što se Pops potpuno stegne, možete ih prebaciti na tanjur za posluživanje ili ih pohraniti u hermetički zatvorenu posudu u hladnjaku.

## 17. Torta od sira s limunom i borovnicom

## SASTOJCI:
- 1 šalica krem sira, omekšalog
- 1/4 šalice šećera u prahu
- Korica od 1 limuna
- 1/2 šalice borovnica, svježih ili smrznutih
- 1 šalica komadića bijele čokolade
- 1 žlica kokosovog ulja

## UPUTE:
a) U zdjeli pomiješajte krem sir, šećer u prahu i koricu limuna dok smjesa ne postane glatka.
b) Lagano umiješajte borovnice.
c) Od smjese oblikujte male kuglice i stavljajte ih na obložen pleh.
d) Otopite komadiće bijele čokolade s kokosovim uljem u mikrovalnoj pećnici ili na pari.
e) Svaku kuglicu kolača od sira umočite u otopljenu bijelu čokoladu i ravnomjerno premažite.
f) Premazane kuglice stavite natrag na pleh i ostavite u hladnjaku dok se čokolada ne stvrdne.

# ZABAVNI I ŠARENI KOLAČI ZA TORTE

# 18.Cotton Candy Cake Pops

**SASTOJCI:**
- 1 kutija mješavine za kolače (okus po vašem izboru)
- Potrebni sastojci za smjesu za kolač (jaja, ulje, voda)
- Glazura (okus po izboru)
- Šećerna vuna
- Štapići za lizalice
- Otopljeni slatkiši ili komadići čokolade (po izboru)

**UPUTE:**
a) Pripremite smjesu za kolač prema uputama na kutiji.
b) Nakon što je pečen i ohlađen, izmrvite kolač u veliku zdjelu za miješanje.
c) Dodajte glazuru izmrvljenom kolaču i miješajte dok se dobro ne sjedini i dok smjesa ne ostane skupa.
d) Smjesu razvaljajte u male loptice i u svaku stavite štapić lizalice.
e) Rastopite otopine slatkiša ili komadiće čokolade (ako ih koristite) i umočite svaki kolačić u otopljeni premaz, dopuštajući da sav višak iscuri.
f) Dok je premaz još mokar, cake popse pospite mljevenom šećernom vatom.
g) Stavite cake pops uspravno na stalak ili na lim za pečenje obložen papirom za pečenje kako bi se premaz stvrdnuo.
h) Nakon što se stegne, vaši kolačići od šećerne vune spremni su za uživanje!

# 19. Funfetti Confetti Cake Pops

## SASTOJCI:
### ZA CAKE POPS:
- 1 kutija mješavine za funfetti kolače
- ½ šalice neslanog maslaca, omekšalog
- ½ šalice punomasnog mlijeka
- 3 velika jaja
- ½ šalice šarenih konfeta u posipu

### ZA PREMAZ ZA BOMBONE:
- 12 unci bijelih slatkiša ili komadića bijele čokolade
- 2 žlice biljnog ulja ili masti
- Dodatni raznobojni konfeti (za ukras)

### ZA SASTAVLJANJE CAKE POPSA:
- Štapići za kolače ili štapići za lizalice

## UPUTE:
### ZA CAKE POPS:
a) Zagrijte pećnicu na temperaturu navedenu na kutiji za smjesu za kolače.
b) Namastite i pobrašnite tepsiju ili je obložite papirom za pečenje.
c) U zdjeli za miješanje pripremite smjesu za funfetti kolač prema uputama na pakiranju, koristeći neslani maslac, punomasno mlijeko i jaja.
d) Nježno umiješajte šarene konfete u tijesto za tortu dok se ravnomjerno ne rasporede.
e) Pecite kolač u prethodno zagrijanoj pećnici dok čačkalica zabodena u sredinu ne izađe čista.
f) Pustite da se kolač potpuno ohladi.
g) Za sastavljanje cake popsova:
h) Ohlađeni kolač rukama ili kuhačom izmrvite u fine mrvice.
i) Smjesu razvaljajte u male kuglice za kolače, otprilike veličine loptice za stolni tenis, i stavite ih na lim obložen papirom za pečenje.
j) Ohladite kuglice za kolače u hladnjaku oko 30 minuta ili dok se ne stvrdnu.

### ZA PREMAZ ZA BOMBONE:

k) U zdjeli prikladnoj za mikrovalnu pećnicu otopite bijele bombone ili komadiće bijele čokolade s biljnim uljem ili mastima u kratkim intervalima, miješajući u međuvremenu dok ne postane glatka.

**ZAVRŠITI:**

l) Umočite vrh štapića za kolače u otopljeni premaz od slatkiša i umetnite ga u sredinu ohlađene kuglice za tortu, otprilike do polovice.

m) Umočite cijelu kuglu torte u otopljeni premaz od slatkiša, pazeći da je u potpunosti premazana.

n) Odmah pospite obloženi kolač šarenim konfetima prije nego se premaz stegne.

o) Postavite cake pops uspravno u blok od stiropora ili stalak za cake pop kako bi se premaz od slatkiša potpuno stvrdnuo.

## 20.Cake Pops s vanilijom i posipom

**SASTOJCI:**
**ZA CAKE POPS:**
- 1 kutija smjese za kolače od vanilije
- ½ šalice neslanog maslaca, omekšalog
- ½ šalice punomasnog mlijeka
- 3 velika jaja

**ZA GLAZURU:**
- ½ šalice neslanog maslaca, omekšalog
- 2 šalice šećera u prahu
- 1 žličica ekstrakta vanilije
- 2 žlice punomasnog mlijeka

**ZA PREMAZ ZA BOMBONE:**
- 12 unci bijelih slatkiša ili komadića bijele čokolade
- Šarene mrlje (po izboru)

**ZA SASTAVLJANJE CAKE POPSA:**
- Štapići za kolače ili štapići za lizalice

**UPUTE:**
**ZA CAKE POPS:**
a) Zagrijte pećnicu na temperaturu navedenu na kutiji za smjesu za kolače.
b) Namastite i pobrašnite tepsiju ili je obložite papirom za pečenje.
c) U zdjeli za miješanje pripremite smjesu za kolač od vanilije prema uputama na pakiranju, koristeći neslani maslac, punomasno mlijeko i jaja.
d) Pecite kolač u prethodno zagrijanoj pećnici dok čačkalica zabodena u sredinu ne izađe čista.
e) Pustite da se kolač potpuno ohladi.

**ZA GLAZURU:**
f) U posebnoj posudi za miješanje tucite omekšali maslac dok ne postane glatko i kremasto.
g) Postupno dodajte šećer u prahu, ekstrakt vanilije i punomasno mlijeko i nastavite miješati dok glazura ne postane glatka i razmaziva.

**ZA SASTAVLJANJE CAKE POPSA:**
h) Ohlađeni kolač rukama ili kuhačom izmrvite u fine mrvice.
i) Dodajte glazuru u mrvice kolača i miješajte dok se dobro ne sjedini.

j) Smjesu razvaljajte u male kuglice za kolače, otprilike veličine loptice za stolni tenis, i stavite ih na lim obložen papirom za pečenje.
k) Ohladite kuglice za kolače u hladnjaku oko 30 minuta ili dok se ne stvrdnu.

**ZA PREMAZ ZA BOMBONE:**
l) Otopite bijele bombone ili komadiće bijele čokolade prema uputama na pakiranju, koristeći mikrovalnu pećnicu ili kuhalo na paru.
m) Umočite vrh štapića za kolače u otopljeni premaz od slatkiša i umetnite ga u sredinu ohlađene kuglice za tortu, otprilike do polovice.
n) Umočite cijeli cake pop u otopljeni premaz od slatkiša, pazeći da bude potpuno obložen.
o) Dodajte šarene mrlje (po želji) dok je premaz još mokar.

**ZAVRŠITI:**
p) Postavite cake pops uspravno u blok od stiropora ili stalak za cake pop kako bi se premaz od slatkiša potpuno stvrdnuo.

# 21. Truffula Tree Cake Pops

**SASTOJCI:**
**ZA CAKE POPS:**
- 1 kutija vaše omiljene mješavine za kolače (plus sastojci navedeni na kutiji)
- ½ šalice glazure od putera (kupovne ili domaće)
- Štapići za lizalice

**ZA PREMAZ:**
- 1 paket slatkiša s okusom vanilije
- Razne jarke prehrambene boje (za boje stabla trufule)
- Jestivi obojeni šećeri ili posipi (za krošnje)

**UPUTE:**
**ZA CAKE POPS:**
a) Zagrijte pećnicu prema uputama za smjesu za kolače. Namastite i pobrašnite kalup za tortu.
b) Pripremite smjesu za kolač prema uputama na pakiranju.
c) Ispecite kolač prema uputama i ostavite da se potpuno ohladi.
d) Nakon što se kolač ohladi, izmrvite ga u fine mrvice u velikoj zdjeli za miješanje.
e) Dodajte glazuru od putera u mrvice i miješajte dok se dobro ne sjedini. Smjesa bi trebala imati konzistenciju poput tijesta.
f) Od smjese oblikujte male kuglice veličine kolačića i stavite ih na pleh obložen pergamentom.
g) Umetnite štapiće lizalice u svaku kuglicu za kolače kako biste napravili cake pops.

**ZA PREMAZ:**
h) Preljev od vanilije izlomite na komadiće i stavite u zdjelu otpornu na toplinu.
i) Rastopite premaz od vanilije prema uputama na pakiranju. To obično uključuje stavljanje u mikrovalnu u intervalima od 30 sekundi dok se potpuno ne otopi.
j) Podijelite otopljenu prevlaku od vanilije u manje zdjelice i u svaku zdjelu dodajte različite jarke prehrambene boje koje će predstavljati različite boje stabala trufule.
k) Umočite svaki kolačić u premaz u boji, osiguravajući ravnomjeran premaz.
l) Prije nego što se premaz stegne, pospite jestivim obojenim šećerom ili posipom po vrhu svakog kolačića kako biste podsjećali na čupavi vrh stabla trufule.
m) Pustite da se premaz potpuno stvrdne prije posluživanja.

## 22.Kokice za rođendansku tortu

**SASTOJCI:**
- 8 šalica pečenih kokica
- 1 šalica komadića bijele čokolade
- ½ šalice mješavine za kolač (okus po vašem izboru)
- ¼ šalice šarenih posipa

**UPUTE:**
a) Iskockane kokice stavite u veliku zdjelu i ostavite sa strane.
b) U zdjeli prikladnoj za mikrovalnu pećnicu otopite komadiće bijele čokolade u mikrovalnoj pećnici u intervalima od 30 sekundi, miješajući u međuvremenu, dok se potpuno ne otopi i postane glatka.
c) Umiješajte smjesu za kolače u otopljenu bijelu čokoladu dok se dobro ne sjedini.
d) Prelijte smjesu bijele čokolade preko kokica i lagano miješajte dok kokice ne budu ravnomjerno obložene.
e) Posipajte šarene posipe po kokicama i ponovno promiješajte da se posipi rasporede.
f) Rasporedite kokice na pleh obložen papirom za pečenje i ostavite da se ohlade dok se bijela čokolada ne stvrdne.
g) Nakon što se stvrdnu, razlomite kokice na manje komade i prebacite ih u hermetički zatvorenu posudu za skladištenje ili posluživanje.

## 23.Cake Pops sa liofiliziranim kuglicama

## SASTOJCI:
- 1 ½ šalice pripremljene jednorog torte, izmrvljene
- 2 ½ žlice glazure od vanilije
- 6 unci Candy Melts, rastopljeni i topli
- Narančasta prehrambena boja
- ¼ šalice nasjeckanih zamrzavanjem osušenih KUGLICA

## UPUTE:
a) U zdjeli pomiješajte izmrvljeni kolač Jednorog i glazuru od vanilije. Miješajte dok se dobro ne sjedini.
b) Smjesu razvaljajte u 12 loptica jednake veličine.
c) Zagrijte otopine slatkiša i dodajte narančastu prehrambenu boju, miješajte dok ne dobijete željenu boju.
d) Umočite jedan kraj štapića lizalice otprilike ½ inča u otopinu obojenog slatkiša i odmah ga umetnite u kuglu za tortu otprilike do pola. Ponovite za svaki cake pop.
e) Stavite cake popse na obloženu tepsiju i stavite ih u zamrzivač na 15 minuta da se stegne.
f) Premažite svaki cake pop obojenim topljenim slatkišima, osiguravajući ravnomjeran i gladak premaz.
g) Odmah pospite nasjeckane liofilizirane SKITTLES na kolače obložene slatkišima dok je premaz još mokar.
h) Stavite gotove kolače natrag na obloženu tepsiju i ostavite ih da se stegne.
i) Nakon što se premaz od slatkiša stvrdne, vaši Celebration Cake Pops sa zamrzavanjem osušenim KUGLJIMA spremni su za uživanje!

## 24. Zabavni i svečani kolačići

## SASTOJCI:
- 1 paket mješavine za kolače (standardne veličine), bilo kojeg okusa
- 1 šalica pripremljene glazure, bilo kojeg okusa
- 48 štapića za lizalice
- 2-½ funte tamne čokolade, mliječne čokolade, bijelog ili ružičastog slatkiša, grubo nasjeckanog
- Izborni dodaci: Nonpareils, zdrobljeni pepermint bomboni, sitno nasjeckani indijski oraščići, nezaslađeni kokos, različiti posipi, sitno nasjeckani kristalizirani đumbir, zdrobljeni đumbirovi kolačići, otopljene karamele i krupna morska sol

## UPUTE:
a) Pripremite i ispecite smjesu za kolač prema uputama na pakiranju, koristeći podmazanu posudu za pečenje veličine 13x9 inča. Pustite da se kolač potpuno ohladi na rešetki.

b) Ohlađeni kolač izmrvite u veliku zdjelu. Dodajte glazuru i dobro promiješajte. Od smjese oblikujte kuglice od 1-½ inča i stavite ih na lim za pečenje. U svaku kuglicu zabodite štapić lizalice. Zamrznite najmanje 2 sata ili ostavite u hladnjaku najmanje 3 sata dok se kuglice ne stvrdnu.

c) U mikrovalnoj pećnici otopite premaz od slatkiša. Svaku kuglicu torte umočite u premaz, pustite da višak iscuri. Zarolajte, pospite ili pokapajte kolačiće nadjevom po izboru.

d) Umetnite kolačiće u pjenasti blok da stoje uspravno. Neka odstoje dok se premaz ne stegne.

## 25. Rainbow Swirl Cake Pops

**SASTOJCI:**
- 1 kutija smjese za kolače od vanilije
- Boje za hranu (crvena, narančasta, žuta, zelena, plava, ljubičasta)
- 1 limenka glazure
- Štapići za lizalice
- Bijela čokolada se topi
- Prskalice

**UPUTE:**
a) Pripremite smjesu za kolač od vanilije prema uputama na pakiranju.
b) Tijesto ravnomjerno podijelite u šest zdjelica.
c) Dodajte drugu boju za hranu u svaku zdjelu kako biste stvorili dugine boje.
d) Žlicom stavljajte male količine obojenog tijesta u obložen kalup za tortu, stvarajući slojeve.
e) Pecite kolač prema uputama na pakiranju i ostavite da se potpuno ohladi.
f) Ohlađeni kolač izmrvite u sitne mrvice u velikoj zdjeli.
g) Dodajte glazuru u mrvice kolača i miješajte dok se dobro ne sjedini i dok smjesa ne može zadržati svoj oblik.
h) Smjesu za kolač razvaljajte u male kuglice i stavite ih na lim obložen papirom za pečenje.
i) Utaknite štapić lizalice u svaku kuglicu i zamrznite 15 minuta.
j) Bijelu čokoladu otopiti prema uputama na pakiranju.
k) Umočite svaki cake pop u otopljenu čokoladu, pustite da višak iscuri.
l) Ukrasite posipom i pustite da se čokolada stisne prije posluživanja.

## 26. Jednorog kolačići

**SASTOJCI:**
- 1 kutija smjese za kolače (bilo koji okus)
- 1 limenka glazure
- Fondan pastelnih boja
- Jestivi zlatni prah ili posipi
- Štapići za lizalice
- Slatkiši se tope (bijeli)
- Jestivi markeri ili gel boje za hranu

**UPUTE:**
a) Pripremite smjesu za kolače prema uputama na pakiranju i ostavite da se potpuno ohladi.
b) Ohlađeni kolač izmrvite u sitne mrvice u velikoj zdjeli.
c) Dodajte glazuru u mrvice kolača i miješajte dok se dobro ne sjedini i dok smjesa ne može zadržati svoj oblik.
d) Smjesu za kolač razvaljajte u male kuglice i stavite ih na lim obložen papirom za pečenje.
e) Utaknite štapić lizalice u svaku kuglicu i zamrznite 15 minuta.
f) Razvaljajte fondant i izrežite oblike za jednorogove uši, rogove i druge ukrase.
g) Otopite bombone prema uputama na pakiranju.
h) Svaki kolačić umočite u otopljenu otopinu slatkiša i pustite da višak iscuri.
i) Pričvrstite ukrase od fondanta na cake pops dok je premaz od slatkiša još mokar.
j) Pospite jestivom zlatnom prašinom ili prskalicama za dodatnu čaroliju.
k) Pustite da se premaz od slatkiša stegne prije posluživanja.

## 27.Galaxy Cake Pops

## SASTOJCI:
- 1 kutija smjese za čokoladne torte
- Jestivi svjetlucavi ili zvjezdasti posipi
- Crni i bijeli slatkiš se topi
- Štapići za lizalice
- Srebrna jestiva boja ili prehrambena boja
- Jestive srebrne ili zlatne zvijezde

## UPUTE:
a) Pripremite smjesu za čokoladnu tortu prema uputama na pakiranju i ostavite da se potpuno ohladi.
b) Ohlađeni kolač izmrvite u sitne mrvice u velikoj zdjeli.
c) Dodajte glazuru u mrvice kolača i miješajte dok se dobro ne sjedini i dok smjesa ne može zadržati svoj oblik.
d) Smjesu za kolač razvaljajte u male kuglice i stavite ih na lim obložen papirom za pečenje.
e) Utaknite štapić lizalice u svaku kuglicu i zamrznite 15 minuta.
f) Otopite crne bombone prema uputama na pakiranju.
g) Umočite svaki kolačić u otopljenu otopinu crnog slatkiša, dopuštajući da višak iscuri.
h) Odmah pospite jestivim svjetlucavim ili zvjezdastim mrljama kako biste stvorili efekt galaksije.
i) Otopite bijele bombone i pokapajte po kolačićima kako biste stvorili zvjezdice.
j) Upotrijebite jestivu srebrnu boju ili boju za hranu kako biste dodali dodatne detalje galaksiji.
k) Pospite jestivim srebrnim ili zlatnim zvjezdicama za dodatni sjaj.
l) Pustite da se premaz od slatkiša stegne prije posluživanja.

# ČOKOLADNI KOLAČ POPS

## 28. Kuglice za tortu od čokolade

**SASTOJCI:**
**ZA KUGLICE ZA TORTU:**
- 1 kutija čokoladne smjese za kolače
- ½ šalice neslanog maslaca, omekšalog
- ½ šalice punomasnog mlijeka
- 3 velika jaja

**ZA ČOKOLADNI PRELIV:**
- 12 unci poluslatkih komadića čokolade ili rastopljene tamne čokolade
- 2 žlice biljnog ulja ili masti
- Čokoladni posip ili mljeveni orasi (po želji, za ukras)

**ZA SASTAVLJANJE KUGLICA ZA TORTU:**
- Štapići za kolače ili štapići za lizalice

**UPUTE:**
**ZA KUGLICE ZA TORTU:**
a) Zagrijte pećnicu na temperaturu navedenu na kutiji za smjesu za kolače.
b) Namastite i pobrašnite tepsiju ili je obložite papirom za pečenje.
c) U zdjeli za miješanje pripremite smjesu za čokoladnu tortu prema uputama na pakiranju, koristeći neslani maslac, punomasno mlijeko i jaja.
d) Pecite kolač u prethodno zagrijanoj pećnici dok čačkalica zabodena u sredinu ne izađe čista.
e) Pustite da se kolač potpuno ohladi.

**ZA SASTAVLJANJE KUGLICA ZA TORTU:**
f) Ohlađeni kolač rukama ili kuhačom izmrvite u fine mrvice.
g) Uvaljajte mrvice kolača u male kuglice za kolače, otprilike veličine loptice za stolni tenis, i stavite ih na lim za pečenje obložen papirom za pečenje.
h) Ohladite kuglice za kolače u hladnjaku oko 30 minuta ili dok se ne stvrdnu.

**ZA ČOKOLADNI PRELIV:**
i) U zdjeli prikladnoj za mikrovalnu pećnicu otopite poluslatku čokoladu ili tamnu čokoladu s biljnim uljem ili mastima u kratkim intervalima, miješajući između vremena dok ne postane glatka.

j) Završiti:
k) Umočite vrh štapića za kolače u otopljenu čokoladu i umetnite ga u sredinu ohlađene kuglice za tortu, otprilike do polovice.
l) Umočite cijelu kuglu torte u otopljenu čokoladu, pazeći da bude potpuno obložena.
m) Ukrasite čokoladnim posipima ili mljevenim orasima (po želji) dok je premaz još mokar.
n) Stavite kuglice za torte uspravno u blok od stiropora ili stalak za kolače kako bi se čokoladni premaz potpuno stvrdnuo.

# 29. Chocolate and Candy Melts Cake Pops

**SASTOJCI:**
- 1 čokoladna torta (domaća ili kupovna)
- 1 šalica čokoladne glazure
- 2 šalice otopljene čokolade (za umakanje)
- Razni posipi i ukrasi

**UPUTE:**
a) Ispecite čokoladnu tortu prema uputama na pakiranju ili prema željenom receptu. Ostavite da se potpuno ohladi.
b) U velikoj zdjeli rukama ili vilicom izmrvite ohlađeni čokoladni kolač u fine mrvice.
c) Dodajte čokoladnu glazuru u kolačne mrvice i miješajte dok se dobro ne sjedini. Smjesa mora biti dovoljno vlažna da zadrži oblik kada se oblikuju kuglice.

**IZRADA ZABAVNIH OBLIKA:**
d) Budite kreativni oblikujući smjesu za kolače u zabavne i maštovite oblike. Koristite kalupe za kekse ili oblikujte male dijelove u životinje, zvjezdice ili druge razigrane oblike.

**UMETNITE ŠTAPIĆE ZA CAKE POP:**
e) Umetnite štapiće za kolače u izrađene oblike. Provjerite jesu li sigurno postavljeni, što omogućuje jednostavno rukovanje.
f) Oblikovane cake popse stavimo u hladnjak na najmanje 30 minuta da se stegne.

**OTOPENI PREMAZ ZA BOMBONE OD ČOKOLADE:**
g) Otopite čokoladne bombone prema uputama na pakiranju.
h) Obavezno koristite zdjelu prikladnu za mikrovalnu pećnicu ili kuhalo za paru.

**UMOČITE I UKRASITE:**
i) Svaki ohlađeni kolačić umočite u otopljenu čokoladu tako da ga potpuno prekrijete. Pustite da višak čokolade iscuri prije nego što kolačić stavite na papir za pečenje.

**KREATIVNE TEHNIKE UMAKANJA I UKRAŠAVANJA:**
j) Istražite razne tehnike uranjanja i ukrašavanja. Možete dodatno preliti otopljenom čokoladom, posuti šarenim preljevima ili čak koristiti jestive markere za personalizirane dizajne.
k) Ostavite ukrašene cake popse da se stegne dok se čokoladni premaz ne stegne.
l) Kad budete spremni, prepustite se ovim ukusnim i vizualno privlačnim poslasticama!

# 30. Njemački čokoladni kolačići

## SASTOJCI:
**TORTA:**
- 1 domaća njemačka čokoladna torta

**GLAZURA KOKOS-ORAŠIĆI:**
- 1 limenka (14 unci) zaslađenog kondenziranog mlijeka
- ½ šalice neslanog maslaca, otopljenog
- 3 žumanjka
- 1 ½ šalice naribanog kokosa
- 1 šalica nasjeckanih pekan oraha
- 2 žličice ekstrakta vanilije

**TARTUFI:**
- 4 šalice otopljenog poluslatkog čokoladnog čipsa
- 1 šalica naribanog kokosa
- 1 šalica nasjeckanih pekan oraha

## UPUTE:
**TORTA:**
a) Zagrijte pećnicu na 350 stupnjeva Fahrenheita.
b) Pripremite i ispecite kolač prema uputama na pakiranju.
c) Pustite kolač da se ohladi, a zatim ga izmrvite na male komadiće. Staviti na stranu.

**GLAZURA KOKOS-ORAŠIĆI:**
d) U loncu pomiješajte otopljeni maslac, zaslađeno kondenzirano mlijeko i žumanjke.
e) Smjesu neprestano miješajte na srednjoj vatri dok se ne zgusne, otprilike 10 minuta.
f) Uklonite lonac s vatre i umiješajte ekstrakt vanilije, nasjeckani kokos i nasjeckane pekan orahe.
g) Ostavite glazuru da se ohladi na vatri najmanje 30 minuta, povremeno miješajući.

**TORTA TARTUFI:**
h) U velikoj zdjeli za miješanje pomiješajte izmrvljeni kolač i glazuru od kokosa i oraha. Dobro promiješajte.
i) Oblikujte smjesu u kuglice od 1 inča i stavite ih na mali lim za pečenje ili drugu površinu prikladnu za zamrzavanje obloženu papirom za pečenje.

j) Zamrznite kuglice za kolače oko 30 minuta do sat vremena dok ne budu čvrste.
k) Nakon što su kuglice za tortu čvrste, otopite komadiće čokolade u mikrovalnoj pećnici u staklenoj zdjeli, zagrijavajući u intervalima od jedne minute i miješajući dok ne postane glatka.
l) Stavite naribani kokos i nasjeckane pekan orahe u zasebne zdjelice za posipanje.
m) Pomoću štapića za fondue ili sličnog alata umočite svaku kuglicu za tortu u otopljenu čokoladu, a zatim je vratite na papir za pečenje.
n) Pospite malu količinu naribanog kokosa i nasjeckanih pekan oraha po svakoj kuglici kolača obloženoj čokoladom prije nego što se čokolada stegne.
o) Nakon što su sve kuglice obložene čokoladom i ukrašene, svaki tartuf pokapajte s malo otopljene karamele.
p) Pustite da se čokolada stvrdne prije posluživanja. Po želji možete ubrzati proces tako da tartufe ostavite u hladnjaku 30 minuta.

## 31. Torte od bundeve obložene čokoladom

**SASTOJCI:**
- 1 kutija Betty Crocker Super Moist Devil's Food mješavine za kolače (ili bilo kojeg drugog okusa čokolade)
- 1 ½ šalice konzervirane mješavine za pitu od bundeve (ne pirea od bundeve)
- 2 žlice Betty Crocker bogate i kremaste čokoladne glazure (iz posude od 16 unci)
- 2 šalice bombona od tamne čokolade otopljene
- 2 žlice zaprške

**UPUTE:**
a) Zagrijte pećnicu na 350°F (175°C). Skupite sve svoje sastojke.
b) U velikoj zdjeli pomiješajte smjesu za čokoladnu tortu i smjesu za pitu od bundeve iz konzerve. Miješajte dok smjesa ne postane glatka, a zatim je ravnomjerno rasporedite u posudu za pečenje 9x13 inča.
c) Pecite kolač 30-35 minuta, ili dok sredina lagano ne odskoči na dodir.
d) Izvadite kolač iz pećnice i ostavite da se potpuno ohladi. Kada se ohladi, odrežite rubove torte i bacite ih. Izmrvite preostali kolač u veliku zdjelu.
e) Pomiješajte izmrvljeni kolač s čokoladnom glazurom dok ne dobijete tijesto koje podsjeća na teksturu Play-Doh-a.
f) Tijesto za kolač razvaljajte u 12 loptica. Ako želite, umetnite papirnatu slamku u sredinu svake kuglice kako biste napravili cake pops.
g) (Po izboru: Otopite bombone od tamne čokolade prema uputama na pakiranju.)
h) Svaki kolačić umočite u otopljenu tamnu čokoladu dok ga potpuno ne prekrijete. Pustite da sav višak čokolade iscuri.
i) Stavite cake pops obložene čokoladom na lim obložen papirom za pečenje.
j) Pospite vrhove cake popsa šarenim mrljama prije nego što se čokolada stegne.
k) Pustite da se čokolada potpuno stvrdne prije posluživanja. Uživajte u ukusnim kolačićima od bundeve prelivenim čokoladom!

# 32.Čokoladno narančasti kolačići

**SASTOJCI:**
- 120 g neslanog maslaca, omekšalog
- 150g šećera
- Korica 1 naranče
- 1 žličica soka od naranče
- 2 velika jaja, istučena
- 180 g samodizajućeg brašna
- 3 žlice mlijeka, sobne temperature
- 200 g crne čokolade
- Posip (po vašem izboru)

**UPUTE:**
a) Zagrijte pećnicu na 180°C (350°F) i umutite omekšali maslac i šećer dok ne postanu svijetli i pjenasti.
b) Dodajte narančinu koricu i sok pa postupno umiješajte razmućena jaja dok smjesa ne postane svijetla i rahla.
c) Dodajte samodizajuće brašno i polovicu mlijeka dok se potpuno ne sjedine. Ponovite ovaj korak s preostalim brašnom i mlijekom.
d) Donju polovicu silikonskog kalupa (polovicu bez rupice) namažite maslacem, pa ulijte smjesu u svaku čašicu dok se ne poravna.
e) Stavite gornju polovicu kalupa preko donje polovice i spojite ih zajedno kako biste osigurali formiranje savršenih kuglica kada se ispeku.
f) Pecite 35 minuta na srednjoj polici pećnice dok ne porumene.
g) Za dekoraciju otopite crnu čokoladu u vodenoj kupki. Vrhove štapića lizalice umočite u otopljenu čokoladu i umetnite ih u cake pop kuglice. Ostavite ih nekoliko minuta da se ohlade dok se ne stvrdnu.
h) Kad se stegne, umočite svaki kolačić u otopljenu čokoladu, pazeći da je potpuno obložen. Nježno lupnite štapićem kako biste uklonili višak premaza.
i) Stavite gornju polovicu kalupa za kolače na ravnu površinu. Čvrsto gurnite štapiće za cake pop u rupe na vrhu kalupa i ostavite čokoladu da se ohladi nekoliko minuta.
j) Ukrasite posipom, orasima, glazurom ili dodatnom čokoladom. Napomena: ako koristite rastresite sastojke poput posipa, nemojte dopustiti da se čokolada potpuno stvrdne jer se neće zalijepiti.
k) Neki načini ukrašavanja mogu zahtjevati da se čokolada stvrdne, primjerice kada se koristi glazura ili dodatna čokolada.
l) Za izradu čokoladnih tartufa jednostavno ih obložite čokoladom i ostavite da se ohlade na masnom papiru.

## 33.Horchata tartuf od bijele čokolade

## SASTOJCI:
- 1 šalica francuske mješavine za kolače od vanilije prosijane
- ¼ žličice mljevenog cimeta
- 4 unce krem sira
- Vrećica od 11 unci komadića bijele čokolade, podijeljena
- 1 žlica maslaca
- ⅓ šalice Chila 'Orchata
- 1 žlica kokosovog ulja
- Posipi za ukras

## UPUTE:
a) Električnom miješalicom pomiješajte krem sir i maslac.
b) Otopite polovicu komadića bijele čokolade u mikrovalnoj pećnici i miješajte svakih 30 sekundi dok ne postane glatka.
c) U mikser dodati čokoladu i sjediniti sa smjesom od krem sira. Dodajte Chila rum.
d) Pomoću cjedila prosijte smjesu za kolače u posebnu zdjelu kako biste uklonili sve grudice.
e) Umiješajte cimet u smjesu za kolač.
f) Polako dodajte suhe sastojke u zdjelu miksera i miješajte da se sjedine.
g) Ohladite ovu smjesu nekoliko sati da se nadjev stegne.
h) Malom lopaticom napravite kuglicu od nadjeva. Rukom ih uvaljajte u kuglice (možda će biti ljepljive ali nema veze) pa ih uvaljajte u šećer u prahu. Zamrznite na 30 minuta.
i) Izvadite ih iz zamrzivača i po želji preoblikujte kuglice.
j) Stavite u mikrovalnu drugu polovicu komadića bijele čokolade s 1 žlicom kokosovog ulja, miješajući svakih 30 sekundi dok smjesa ne postane glatka.
k) Žlicom umačite kuglice u čokoladni premaz i dobro ih premažite.
l) Prebacite ih u lim za pečenje obložen voštanim papirom i odmah dodajte posipe i ukrase.
m) Vratite ih nakratko u zamrzivač da se stisnu.
n) Kuglice poslužite u čašicama za slatkiše. Uživati!

## 34. Triple Chocolate Cake Pops

**SASTOJCI:**
- ¾ šalice Ghirardelli nezaslađenog kakaa
- 2 šalice višenamjenskog brašna
- 1 žličica praška za pecivo
- 1 žličica sode bikarbone
- ½ žličice soli
- 1 šalica maslaca ili margarina, omekšalog
- 1-¾ šalice šećera
- 2 žličice vanilije
- 2 velika jaja
- 1-⅓ šalice mlijeka
- 6 žlica maslaca, omekšalog
- 2⅔ šalice šećera u prahu
- ½ šalice Ghirardelli nezaslađenog kakaa
- ⅓ šalice mlijeka
- ½ žličice ekstrakta vanilije
- 5 šalica Ghirardelli čipsa od 60% kakaa i gorke čokolade za pečenje
- 2 žlice masti
- 58 okruglih papirnatih lizalica ili drvenih štapića
- ⅔ šalice Ghirardelli Classic White Baking Chips

## UPUTE:
### GRAND FUDGE TORTA:
a) Zagrijte pećnicu na 350°F. Namastite i lagano pobrašnite dva okrugla kalupa za tortu od 9 inča. U srednjoj zdjeli pomiješajte kakao, brašno, prašak za pecivo, sodu bikarbonu i sol; Staviti na stranu. U velikoj zdjeli kremirajte maslac i šećer na srednjoj do visokoj brzini dok ne postanu svijetli i pjenasti, oko 4 minute.

b) Smanjite brzinu na najnižu i dodajte vaniliju i jaja jedno po jedno, stružući zdjelu nakon svakog dodavanja. Naizmjence dodavati smjesu brašna i mlijeko (počevši i završavajući sa smjesom brašna), miješajući na maloj brzini. Nastavite miksati dok smjesa ne postane glatka.

c) Ulijte u pripremljene posude. Pecite 30 do 35 minuta ili dok tester za kolače umetnut u sredinu kolača ne izađe čist.

### GHIRARDELLI GLAZURA OD MASLACA:
d) U zdjeli tucite maslac dok ne postane lagan i pjenast. U posebnoj zdjeli pomiješajte šećer u prahu s kakaom.

e) Pomiješajte šećernu smjesu s maslacem naizmjenično s mlijekom, dobro tučeći nakon svakog dodavanja. Tucite dok ne postane glatko. Umiješajte vaniliju.

### TROSTRUKA ČOKOLADNA TORTA:
f) Izmrvite Grand Fudge Cake u vrlo veliku zdjelu. Dodajte Ghirardelli glazuru od maslaca. Miješajte električnom miješalicom na maloj brzini dok se ne sjedini. Koristeći malu lopaticu ili žličicu, ubacite smjesu u hrpe od 1-½ inča na limove za pečenje obložene voštanim papirom. Uvaljajte hrpe u kuglice i zamrznite na 30 minuta.

g) U maloj zdjeli prikladnoj za mikrovalnu pećnicu pomiješajte ¼ šalice Ghirardelli 60% Cacao Bittersweet Chocolate čipsa za pečenje i ¼ čajne žličice masti.

h) Kuhajte na srednjoj snazi (50 posto) 1 minutu. Izvadite i miješajte dok ne postane glatka. Umočite jedan kraj svakog štapića lizalice u otopljenu čokoladu i zabodite štapiće u kuglice za tortu (tako ćete kuglicama ostati na štapićima). Zamrznite 30 do 60 minuta ili dok kuglice ne budu čvrste.

i) U maloj posudi prikladnoj za mikrovalnu pećnicu zagrijavajte Ghirardelli Classic White Baking Chips na srednjoj snazi (50 posto) 1 minutu. Izvadite i promiješajte. Ako se ne rastopi, vratite u mikrovalnu pećnicu i ponovite korak zagrijavanja, miješajući svakih 30 sekundi kako ne bi zagorjelo. Miješajte dok ne postane glatko. Staviti na stranu.

j) U međuvremenu, u velikoj zdjeli prikladnoj za mikrovalnu pećnicu, pomiješajte preostali Ghirardelli 60% Cacao Bittersweet Chocolate čips za pečenje i preostali mast.

k) Pecite u mikrovalnoj pećnici na srednjoj snazi (50 posto) 2 minute. Izvadite i promiješajte. Ako se čokolada nije otopila, vratite je u mikrovalnu i ponovite korak zagrijavanja, miješajući svakih 30 sekundi da ne zagori.

l) Radeći u serijama, umočite smrznute kuglice u otopljenu gorku čokoladu. Pustite da višak kapne. Kad se gorko-slatka čokolada tek stegne, pokapajte kocke otopljenom bijelom čokoladom. Stavite na pripremljene limove za pečenje. Pustite da odstoji 30 minuta ili dok se čokolada ne stegne.

m) Nakon što se čokolada stegne, prebacite je u posudu za čuvanje i pokrijte u hladnjaku do 1 tjedna. Neka odstoji na sobnoj temperaturi najmanje 30 minuta prije posluživanja.

## 35.Torte od bijele čokolade

**SASTOJCI:**
- 600 g Green's Vanilla Mud Cakea
- ¼ šalice Dollar Sweets 100s & 1000s
- 2 jaja slobodnog uzgoja
- ¼ šalice biljnog ulja
- 20 g neslanog maslaca, omekšalog
- 360 g blokova bijele čokolade, nasjeckane

**UPUTE:**

a) Ispecite kolač od blata prema uputama na pakiranju, koristeći jaja, biljno ulje i ½ šalice vode. Ostavite kolač da se potpuno ohladi.

b) Grubo nasjeckajte kolač i stavite ga u veliku zdjelu. Čistim rukama izmrvite kolač.

c) Napravite glazuru za tortu od blata prema uputama na pakiranju, koristeći maslac. U izmrvljeni kolač dodajte glazuru i promiješajte da se sjedini.

d) 2 velika pleha obložiti papirom za pečenje. Zbijajte i razvaljajte žlice smjese u kuglice u obliku jajeta da ih bude ukupno 30. Svaku lopticu ubodite štapićem za cake pop ili štapićem. Stavite u hladnjak na 15 minuta ili dok se ne stegne.

e) Stavite bijelu čokoladu u malu posudu otpornu na toplinu iznad malog lonca s kipućom vodom (pazite da dno posude ne dodiruje vodu). Kuhajte 5 minuta uz povremeno miješanje ili dok se ne otopi.

f) Umočite svaku kuglicu u obliku jajeta, jednu po jednu, u otopljenu čokoladu za premazivanje, dopuštajući da se višak čokolade ocijedi, a zatim pospite 100s & 1000s.

g) Vratite premazane cake popse na pladnjeve, a zatim ih ostavite u hladnjaku 15 minuta ili dok se ne stegne. Poslužite i uživajte!

## 36.Čokoladni kolačići od mente

**SASTOJCI:**
**ČOKOLADNA TORTA:**
- 2 šalice šećera
- 1¾ šalice višenamjenskog brašna
- ¾ šalice nezaslađenog kakaa u prahu
- 2 žličice sode bikarbone
- 1 žličica praška za pecivo
- 1 žličica soli
- 2 jaja
- 1 šalica mlaćenice
- 1 šalica jake crne kave
- ½ šalice biljnog ulja
- 2 žličice ekstrakta vanilije

**KREMA OD MASLACA:**
- ½ štapića maslaca, sobne temperature
- 1 šalica šećera u prahu
- 2 žličice mlijeka
- ½ žličice vanilije
- ¼ žličice ekstrakta mente
- ¼ šalice malih komadića čokolade

**PREMAZIVANJE:**
- 1 lb tamne čokolade s premazom
- ¼ lb. Preljev od bijele čokolade (svijetlo zelena)

**UPUTE:**
**ZA TORTU:**
a) Zagrijte pećnicu na 350°F i namastite tepsiju veličine 9 x 13" i obložite je papirom za pečenje.
b) U posudi za miješanje pomiješajte šećer, brašno, kakao prah, sodu bikarbonu, prašak za pecivo i sol. Miješajte na niskoj razini dok se potpuno ne sjedini.
c) Dodajte jaja, mlaćenicu, kavu, ulje i vaniliju. Tucite na srednjoj brzini oko dvije minute dok tijesto ne postane rijetko.
d) Ravnomjerno izlijte tijesto u pripremljenu posudu i pecite 30 do 35 minuta ili dok čačkalica zabodena u sredinu ne izađe čista.
e) Pustite da se kolač potpuno ohladi na rešetki.

## ZA PUTER KREMU:

f) U mikseru opremljenom žičanim nastavkom, tucite maslac velikom brzinom dok ne postane lagan i kremast.

g) Prebacite na nisku brzinu i polako dodajte šećer u prahu, miksajući dok se ne sjedini.

h) Dodajte vaniliju i mlijeko, zatim se vratite na veliku brzinu i tucite dok smjesa ne postane lagana i pjenasta.

## SKUPŠTINA:

i) Kada se kolač ohladi rukama ili dvjema vilicama izmrvite ga u fine mrvice.

j) U velikoj zdjeli pomiješajte mrvice s ¼ šalice + 1 žlicom kreme od maslaca, ekstraktom mente i malim komadićima čokolade dok se potpuno ne sjedine.

k) Malom žlicom za sladoled grabite dijelove smjese za kolače i valjajte ih rukama kako biste oblikovali okrugle oblike.

l) Stavite kuglice na tanjur i prekrijte ih plastičnom folijom, pa ostavite u hladnjaku najmanje 2 sata.

m) Preljev od tamne čokolade otopite u posudi prikladnoj za mikrovalnu pećnicu u koracima od 30 sekundi, miješajući nakon svakog zagrijavanja, dok se ne otopi.

n) Umočite štapić lizalice u otopljenu čokoladu, a zatim ga umetnite u sredinu kuglice za tortu.

o) Kuglu torte umočite u otopljenu čokoladu dok potpuno ne bude pokrivena, otkucajte višak.

p) Nakon što višak čokolade iscuri, stavite tortu na blok od stiropora da se osuši.

q) Kad se čokolada osuši, otopite zelenu čokoladnu prevlaku i stavite je u vrećicu s malim okruglim vrhom.

r) Pokapajte crte zelene čokolade preko kolačića, pokrivajući sve strane, a zatim ih vratite u blok od stiropora da se osuše.

## 37.Starbucks čokoladni kolačići

## SASTOJCI:
- 1 kutija mješavine za čokoladnu tortu
- ⅓ šalice čokoladne glazure
- 1 vrećica čokoladnih bombona koji se otapaju (12 unci)
- Bijeli prskalice

## UPUTE:
a) Započnite s pripremom kolača prema uputama na pakiranju.
b) Istucite smjesu za kolače, vodu, biljno ulje i jaja u velikoj zdjeli za miješanje.
c) Izlijte tijesto u podmazanu posudu za pečenje 9x13 inča ili dvije okrugle posude za kolače 8x8 inča. Pecite u pećnici zagrijanoj na 350°F dok čačkalica zabodena u sredinu ne izađe čista.
d) Pustite da se kolač potpuno ohladi, a zatim ga vilicom izmrvite u veliku zdjelu ili posudu za pečenje u fine mrvice. Umiješajte glazuru u izmrvljeni kolač, prekrijte plastičnom folijom i zamrznite dok se ne ohladi.
e) Žličicom za kekse i rukama razvaljajte smjesu u kuglice jednake veličine i stavite ih na lim za kekse. Ciljajte na veličinu loptice za stolni tenis. Ponovno zamrznite dok kuglice ne budu tvrde.
f) Lakše je smjesu za kolač i glazuru razvaljati u savršeno okrugle kuglice ako je hladna. Smjesa je super vlažna, a na sobnoj temperaturi jako ih je teško savršeno oblikovati. Nakon što se zamrznu, dajte im još jedan mali kolut da zaglade strane, a zatim ih stavite na lim za pečenje.
g) Otopite bombone od mliječne čokolade u mikrovalnoj pećnici u koracima od 30 sekundi ili u parnom kotlu. Svaki štapić lizalice umočite u čokoladu, a zatim ga zabodite u jednu od kuglica za tortu. Učinite to sa svima i vratite ih u zamrzivač dok se ne stvrdnu.
h) Nježno umočite kuglice u otopljenu čokoladu ili žlicom stavite čokoladu na kuglice i okrećite da se premažu, puštajući da višak čokolade iscuri na papir za pečenje. Po želji ukrasite posipom.
i) Stavite ih uspravno u blok od stiropora ili kartonsku kutiju da se stvrdnu. Sada imate jednostavne cake pops!

# 38.Čokoladni espresso kolačići

**SASTOJCI:**
- 2 šalice čokoladnih mrvica (od pečene čokoladne torte)
- 1/2 šalice čokoladnog ganachea
- 1 šalica komadića tamne čokolade
- 1 žlica biljnog ulja
- Instant espresso u prahu (za posipanje)

**UPUTE:**
a) U zdjeli pomiješajte čokoladne mrvice za tortu i čokoladni ganache dok se dobro ne sjedine.
b) Od smjese oblikujte male kuglice i stavljajte ih na obložen pleh.
c) Zamrznite kuglice oko 30 minuta.
d) Otopite komadiće tamne čokolade s biljnim uljem u mikrovalnoj pećnici ili na pari.
e) Umočite svaku smrznutu kuglicu čokoladnog espresso kolača u otopljenu tamnu čokoladu, ravnomjerno premazujući.
f) Vrh svake obložene kuglice pospite instant espresso prahom.
g) Premazane kuglice stavite natrag na pleh i ostavite u hladnjaku dok se čokolada ne stvrdne.

## 39.Red Velvet Cake Pops

**SASTOJCI:**
- 2 šalice mrvica za kolač od crvenog baršuna (od pečenog kolača od crvenog baršuna)
- 1/2 šalice glazure od krem sira
- 1 šalica komadića bijele čokolade
- 1 žlica biljnog ulja
- Crvena prehrambena boja (po izboru)

**UPUTE:**
a) U zdjeli pomiješajte mrvice od crvenog baršuna i glazuru od krem sira dok se dobro ne sjedine.
b) Od smjese oblikujte male kuglice i stavljajte ih na obložen pleh.
c) Zamrznite kuglice oko 30 minuta.
d) Otopite komadiće bijele čokolade s biljnim uljem u mikrovalnoj pećnici ili na pari.
e) Otopljenoj bijeloj čokoladi dodajte crvenu prehrambenu boju ako želite dublju crvenu boju.
f) Svaku smrznutu crvenu baršunastu kuglicu torte umočite u otopljenu bijelu čokoladu i ravnomjerno premažite.
g) Premazane kuglice stavite natrag na pleh i ostavite u hladnjaku dok se čokolada ne stvrdne.

# VOĆNI KOLAČ POPS

# 40. Torta s limunom i malinom

**SASTOJCI:**
**ZA CAKE POPS:**
- 1 kutija smjese za kolače s limunom
- ½ šalice neslanog maslaca, omekšalog
- ½ šalice punomasnog mlijeka
- 3 velika jaja
- Korica jednog limuna

**ZA NADJEV OD MALINA:**
- 1 šalica svježih malina
- 2 žlice granuliranog šećera

**ZA PREMAZ ZA BOMBONE:**
- 12 unci bijelih slatkiša ili komadića bijele čokolade
- Žuta ili ružičasta prehrambena boja (po izboru)
- Limunova korica (za ukras, po želji)

**ZA SASTAVLJANJE CAKE POPSA:**
- Štapići za kolače ili štapići za lizalice

**UPUTE:**
**ZA CAKE POPS:**
a) Zagrijte pećnicu na temperaturu navedenu na kutiji za smjesu za kolače.
b) Namastite i pobrašnite tepsiju ili je obložite papirom za pečenje.
c) U zdjeli za miješanje pripremite smjesu za kolač od limuna prema uputama na pakiranju, koristeći neslani maslac, punomasno mlijeko, jaja i koricu limuna.
d) Pecite kolač u prethodno zagrijanoj pećnici dok čačkalica zabodena u sredinu ne izađe čista.
e) Pustite da se kolač potpuno ohladi.

**ZA NADJEV OD MALINA:**
f) U posebnoj zdjeli zgnječite svježe maline sa šećerom u prahu dok ne dobijete glatki pire.

**ZA SASTAVLJANJE CAKE POPSA:**
g) Ohlađeni kolač rukama ili kuhačom izmrvite u fine mrvice.
h) Umiješajte pire od malina u mrvice za kolače dok se dobro ne sjedine.

i) Smjesu razvaljajte u male kuglice za kolače, otprilike veličine loptice za stolni tenis, i stavite ih na lim obložen papirom za pečenje.
j) Ohladite kuglice za kolače u hladnjaku oko 30 minuta ili dok se ne stvrdnu.

**ZA PREMAZ ZA BOMBONE:**
k) Otopite bijele bombone ili komadiće bijele čokolade prema uputama na pakiranju, koristeći mikrovalnu pećnicu ili kuhalo na paru.
l) Po želji dodajte nekoliko kapi žute ili ružičaste prehrambene boje u otopljeni premaz slatkiša kako biste postigli pastelnu nijansu.
m) Umočite vrh štapića za kolače u otopljeni premaz od slatkiša i umetnite ga u sredinu ohlađene kuglice za tortu, otprilike do polovice.
n) Umočite cijeli cake pop u otopljeni premaz od slatkiša, pazeći da bude potpuno obložen.

**ZAVRŠITI:**
o) Po izboru, ukrasite svaki kolačić malom limunovom koricom za dodatnu aromu limuna.
p) Postavite cake pops uspravno u blok od stiropora ili stalak za cake pop kako bi se premaz od slatkiša potpuno stvrdnuo.

# 41. Torte od kolača s jagodama

**SASTOJCI:**
**ZA TORTU OD JAGODA:**
- 1 kutija mješavine za kolače od jagoda (plus sastojci navedeni na kutiji)

**ZA NADJEV OD JAGODA:**
- 1 šalica svježih jagoda narezanih na kockice
- 2 žlice šećera

**ZA SASTAVLJANJE CAKE POPA :**
- 1 pakiranje CandiQuik (prevlaka za bombone s okusom vanilije)
- Štapići za lizalice ili štapići za kolače
- Bijela čokolada ili otopljeni bijeli bombon (za dekoraciju)
- Posipi ili jestivi ukrasi (po izboru)

**UPUTE:**
**ZA TORTU OD JAGODA:**
a) Prethodno zagrijte pećnicu prema uputama za smjesu za kolače s jagodama.
b) Tijesto za tortu od jagoda pripremite prema uputama na kutiji.
c) Ispecite kolač prema uputama i ostavite da se potpuno ohladi.

**ZA NADJEV OD JAGODA:**
d) U zdjeli pomiješajte jagode narezane na kockice sa šećerom. Pustite ih da odstoje oko 10 minuta da se maceriraju i puste sok.
e) Procijedite jagode kako biste uklonili višak tekućine, ostavljajući vam zaslađene komadiće jagoda.

**ZA SASTAVLJANJE CAKE POPA :**
f) U velikoj zdjeli za miješanje izmrvite ohlađeni kolač od jagoda u fine mrvice.
g) Dodajte zaslađene komadiće jagoda u mrvice kolača i miješajte dok se dobro ne sjedine.
h) Smjesu za kolač razvaljajte u male kuglice za kolače i stavite ih na pleh obložen pergamentom.
i) CandiQuik razlomite na komade i stavite u zdjelu otpornu na toplinu. Rastopite CandiQuik prema uputama na pakiranju.
j) Umočite vrh svakog štapića lizalice u rastopljeni CandiQuik i umetnite ga u kuglu za tortu, otprilike do polovice. To pomaže štapu da ostane na mjestu.

k) Umočite svaki kolačić u rastopljeni CandiQuik, pazeći da bude potpuno obložen.

l) Pustite da sav višak CandiQuik premaza kapne, a zatim stavite kolačiće na pleh obložen papirom za pečenje.

m) Po izboru: Dok je CandiQuik premaz još mokar, ukrasite kolačiće komadićima bijele čokolade ili bijelim topljenim slatkišima da podsjećaju na šlag. Po želji dodajte posipe ili jestive ukrase.

n) Ostavite CandiQuik premaz da se potpuno stvrdne.

o) Jednom kada se stegne, vaši Cake Pops kolači s jagodama spremni su za uživanje!

## 42. Key Lime Cake Pops

**SASTOJCI:**
- 1 kutija bijele smjese za kolače
- 3 jaja
- ⅓ šalice biljnog ulja
- 1 šalica vode
- Korica i sok od 2 ključne limete
- 1 paket (16 unci) CandiQuik Candy Coatinga
- Zelena prehrambena boja (po izboru)

**UPUTE:**
a) Zagrijte pećnicu na 350°F (175°C). Namastite i pobrašnite tepsiju veličine 9x13 inča.
b) U velikoj zdjeli za miješanje pomiješajte bijelu smjesu za kolače, jaja, biljno ulje, vodu, koricu limete i sok limete. Miksajte dok ne postane glatko.
c) Ulijte tijesto u pripremljenu posudu za pečenje i pecite 25-30 minuta ili dok čačkalica zabodena u sredinu ne izađe čista.
d) Pustite da se kolač potpuno ohladi, a zatim ga u velikoj zdjeli izmrvite u fine mrvice.
e) Uvaljajte mrvice kolača u kuglice od 1 ½ inča i stavite ih na lim za pečenje obložen voštanim papirom. U svaku kuglicu zabodite štapić lizalice.
f) Otopite CandiQuik Candy Coating prema uputama na pakiranju.
g) Umočite svaki kolačić u rastopljeni CandiQuik, pazeći da bude ravnomjerno obložen. Po želji dodajte nekoliko kapi zelene prehrambene boje kako biste postigli ključnu boju limete.
h) Pustite da se premaz stegne prije nego što poslužite ove ukusne kolače od limete. Uživati!

## 43.Pita od jabuka Cake Pops

**SASTOJCI:**
- 1 paket (15,25 unci) mješavine za kolače sa začinima ili žute mješavine za kolače
- ¾ šalice nadjeva za pitu od jabuka iz konzerve, nasjeckanog na male komadiće
- ¾ šalice glazure od kremastog sira u konzervi
- 1 funta slastičarskog premaza bilo koje boje (oko 3 šalice)
- 4 šalice zdrobljenih graham krekera

**UPUTE:**
a) Pripremite smjesu za kolač prema uputama na pakiranju i ispecite je u kalupu za pečenje 13 x 9 x 2 inča. Ostavite da se potpuno ohladi.
b) U velikoj zdjeli za miješanje izmrvite ohlađeni kolač u fine mrvice. Dodajte nasjeckani nadjev za pitu od jabuka i glazuru od krem sira. Dobro izmiješajte dok se potpuno ne sjedini.
c) Dva lima za pečenje obložite voštanim papirom. Oblikujte smjesu za kolač u kuglice od 1 ½ inča i stavite ih na pripremljene limove za pečenje. Lagano ih prekrijte voštanim papirom i zamrznite 30 minuta.
d) U međuvremenu otopite slastičarski premaz prema uputama na pakiranju. Izvadite nekoliko cake popsova iz zamrzivača, a ostatak ostavite smrznutim. Umočite svaki kolačić u otopljeni premaz, dopuštajući da višak opadne.
e) Uvaljajte obložene cake pops u zdrobljene graham krekere dok potpuno ne budu pokriveni. Vratite ih na lim za pečenje ili u stalak za kolače. Stavite u hladnjak na 10 minuta ili dok se premaz ne stegne. Uživajte u svojoj piti od jabuka cake pops!

## 44. Lubenica Pops

**SASTOJCI:**
- 1 kutija Betty Crocker super vlažne bijele mješavine za kolače
- Voda, biljno ulje i snijeg od bjelanjaka prema uputama za smjesu za kolače
- ¼ čajne žličice ružičaste boje za hranu
- ¾ šalice od 1 kade (16 unci) Betty Crocker glazure od vanilije
- ¾ šalice minijaturnih poluslatkih komadića čokolade
- 32 papirnata štapića za lizalice
- 1 vrećica (16 unci) rastopljenih bijelih slatkiša ili oblatni za oblaganje
- 1 veliki blok bijele plastične pjene
- 1 vrećica (16 unci) rastopljenih zelenih slatkiša ili oblatni za oblaganje
- 1 šalica rastopljenog svijetlozelenog slatkiša (iz vrećice od 16 unci).

**UPUTE:**
a) Zagrijte pećnicu na 350°F. Podmažite posudu od 13x9 inča sprejom za kuhanje.
b) Pripremite i ispecite smjesu za kolač prema uputama za tavu veličine 13x9 inča, umiješajući vodu, ulje i bjelanjke i dodajući ružičastu boju za hranu. Ostavite da se potpuno ohladi.
c) Lim za kekse obložite voštanim papirom. Izmrvite kolač u veliku zdjelu. Dodajte glazuru i komadiće čokolade, dobro promiješajte. Od smjese oblikujte 32 duguljaste kuglice i stavite ih na lim za kekse.
d) Zamrznite dok se ne stegne, a zatim prebacite u hladnjak.
e) Izvadite nekoliko kuglica za kolače iz hladnjaka odjednom.
f) Umočite vrh štapića lizalice ½ inča u rastopljeni bijeli slatkiš i umetnite ga u kuglu za tortu, ne više od pola. Svaku kuglicu torte umočite u otopljeni slatkiš da pokrije, otkucajući sav višak.
g) Umetnite suprotni kraj štapića u blok pjene i ostavite da stoji dok se ne stegne. Svaku kuglicu torte umočite u rastopljeni zeleni slatkiš da prekrije, uklanjajući sav višak.
h) Vratite štapiće u blok pjene i ostavite ih da odstoje dok se ne stvrdnu.
i) Čačkalicom ukrasite kuglice za torte svijetlozelenim bombonom da podsjećaju na lubenice. Ostavite ih da odstoje dok se ne stvrdnu.

## 45.Čokoladni kolači s malinama

**SASTOJCI:**
**ZA ČOKOLADNU TORTU UNUTRA:**
- 4 šalice bademovog brašna (ne bademovog brašna)
- ½ šalice nezaslađenog kakaa u prahu
- 1 žličica morske soli
- 1 žličica sode bikarbone
- 1 čajna žličica praha čistog ekstrakta stevije
- 1 ½ šalice umaka od jabuka
- 6 velikih jaja
- 2 žlice ekstrakta vanilije
- 1 šalica voćnog namaza od malina, bez dodanog šećera (za nakon što se kolač ispeče)

**ČOKOLADNI PREMAZ ZA BOMBONE:**
- 2 (4 unce) nezaslađene 100% kakao čokoladne pločice za pečenje
- Čisti ekstrakt stevije u prahu, po ukusu
- ½ žlice ekstrakta vanilije

**UPUTE:**
a) Zagrijte pećnicu na 350ºF i namastite kalup za torte 13x9 inča kokosovim uljem.
b) U velikoj zdjeli pomiješajte bademovo brašno, kakao prah, sol, sodu bikarbonu i steviju.
c) U zasebnoj srednjoj zdjeli umutite umak od jabuka, jaja i ekstrakt vanilije.
d) Dodajte mokre sastojke suhim sastojcima i miješajte dok se potpuno ne sjedine.
e) Ulijte tijesto u pripremljeni kalup za tortu.
f) Pecite 30 do 35 minuta, dok čačkalica zabodena u sredinu kolača ne izađe čista. Pustite da se kolač potpuno ohladi prije nego pređete na sljedeći korak.
g) Ohlađeni kolač izmrvite u veću zdjelu i umiješajte voćni namaz od malina dok se dobro ne sjedini.
h) Smjesu razvaljajte u kuglice od 1" i stavite ih na pleh prekriven papirom za pečenje.
i) Kuglice za tortu stavite u zamrzivač najmanje 1 sat.
j) U malom loncu otopite čokoladu na vrlo laganoj vatri.

k) Dodajte ekstrakt vanilije i steviju po ukusu. Počnite s malom količinom stevije, kušajte i dodajte još ako je potrebno.
l) Nakon što se otope i izmiješaju, umetnite štapiće lizalice u kuglice za kolače i umočite ih u otopljenu čokoladu.
m) Umetnite cake pops u blok od stiropora dok se ne ohladi.

Završna montaža:

n) Nakon što se cake pops potpuno ohlade i premaz od slatkiša stvrdne, stavite vrećicu poslastice na svaki pops i zavežite je vrpcom.
o) Čuvajte ih u hladnjaku do posluživanja. Uživajte u kolačima s čokoladom i malinom!

# 46.Brusnica Naranča Vanilija Cake Pops

## SASTOJCI:
### CAKE POP:
- Neljepljivi sprej za kuhanje, za prskanje kalupa za kolače
- 6 unci višenamjenskog brašna, plus još za posipanje kalupa za kolače
- 8 unci brašna za kolače
- 1 žličica fine soli
- ¼ žličice praška za pecivo
- ¼ žličice sode bikarbone
- ¾ šalice gustog vrhnja
- ⅓ šalice kiselog vrhnja
- Korica 1 naranče
- 1 mahune vanilije, razdvojiti i ostrugati
- 3 šalice granuliranog šećera
- 2 štapića (8 unci) neslanog maslaca, na sobnoj temperaturi
- 6 velikih jaja

### KOMPOT OD BRUSNICA:
- 1 Granny Smith jabuka
- Jedna vrećica od 8 unci smrznutih brusnica
- 1 šalica granuliranog šećera
- 1 žličica mljevenog cimeta
- 1 naranča, očišćena od korice i soka

### KREMA OD NARANČE PUTER:
- 6 unci bjelanjaka
- 1 funta granuliranog šećera
- 5 štapića (1 ¼ funte) neslanog maslaca, na sobnoj temperaturi
- ½ žličice narančine korice
- Bijela čokolada, koliko je potrebno za premazivanje
- Orašasti plodovi, posipi ili komadići čokolade, po želji, za preljev

## UPUTE:
### ZA CAKE POP:
a) Zagrijte pećnicu na 350 stupnjeva F. Dva okrugla kalupa za kolače od 10 inča pošpricajte neljepljivim sprejom za kuhanje, pospite brašnom i obložite dna papirom za pečenje.

b) Prosijte višenamjensko brašno, brašno za kolače, sol, prašak za pecivo i sodu bikarbonu u srednju zdjelu i ostavite sa strane. Pomiješajte vrhnje, kiselo vrhnje, narančinu koricu i ostruganu mahunu vanilije u drugoj zdjeli i ostavite sa strane.

c) U zdjeli samostojećeg miksera miješajte šećer i maslac srednjom brzinom dok boja malo ne posvijetli, oko 3 minute. Dodajte jedno po jedno jaje i tucite dok smjesa ne postane glatka. Dodajte jednu trećinu suhih sastojaka i miješajte na niskoj razini dok se ne sjedine, a zatim ostružite zdjelu. Dodajte polovicu mokrih sastojaka i miksajte na niskoj razini dok se ne sjedine.

d) Dodajte još jednu trećinu suhih sastojaka, a zatim preostale mokre sastojke, lagano miješajući nakon svakog dodavanja i stružući zdjelu. Dodajte preostale suhe sastojke i miješajte dok se ne sjedine.

e) Podijelite tijesto između pripremljenih kalupa za torte i pecite dok tester za kolače umetnut u sredinu kolača ne izađe čist, 30 do 40 minuta. Pustite da se potpuno ohladi.

**ZA KOMPOT OD BRUSNICA:**

f) Narežite jabuku na male komadiće. U lonac srednje veličine dodajte brusnice, šećer, cimet, narančinu koricu, sok i jabuke. Kuhajte na srednjoj vatri dok se brusnice ne počnu otvarati i smjesa malo zgusne. Prebacite u zdjelu srednje veličine i ostavite da se ohladi.

**ZA PUTERKREMU OD NARANČE:**

g) Stavite bjelanjke u zdjelu samostojećeg miksera s nastavkom za mućenje.

h) Pomiješajte šećer i ½ šalice vode u srednje velikoj posudi, stavite na jaku vatru s termometrom za slatkiše i zagrijte smjesu na 238 do 240 stupnjeva F.

i) Dok smjesa kuha, miksajte bjelanjke srednjom brzinom dok ne dobiju meke vrhove. Kad ključajući šećer dosegne 240 stupnjeva F, polako ga ulijevajte u snijeg od bjelanjaka s mikserom na niskoj razini. Kada ste dodali sav vrući šećer, povećajte brzinu miksera na najveću i mutite dok ne postane gusto, sjajno i ohlađeno.

j) Smanjite brzinu i dodajte 1 do 2 žlice maslaca, miksajući dok se krema ne zgusne. Umutiti koricu naranče.

**ZA SASTAVLJANJE POPS:**

k) Ohlađene kolače izmrviti na sitne komadiće. Umiješajte dovoljno kreme od maslaca da se cake pops drži zajedno. Dodajte željenu količinu kompota od brusnica; treba ga biti u svakom zalogaju. Grabite kuglice smjese za kolače na lim za pečenje obložen papirom za pečenje. Utisnite štapić za cake pop u svaku kuglicu i zamrznite dok se ne stegne.

l) Bijelu čokoladu lagano otopiti na pari. Smrznute kolačiće umočite u bijelu čokoladu i stavite na pergament da se stegne.

m) Ako dodajete preljeve, odmah nakon što umočite kolačiće u čokoladu, umočite ih u željene preljeve kao što su orasi, posipi ili komadići čokolade.

n) Uživajte u kolačima s brusnicom i narančom od vanilije!

## 47.Torte s tropskim voćem

**SASTOJCI:**
- 1 kutija mješavine za kolače od ananasa
- 1 šalica naribanog kokosa
- 1 šalica nasjeckanog manga
- 1 šalica nasjeckanog ananasa
- Štapići za lizalice
- Bijela čokolada se topi
- Raznorazno tropsko voće (po želji)
- Jestivo cvijeće (po želji)

**UPUTE:**
a) Pripremite smjesu za tortu od ananasa prema uputama na pakiranju i ostavite da se potpuno ohladi.
b) Ohlađeni kolač izmrvite u sitne mrvice u velikoj zdjeli.
c) Dodajte nasjeckani kokos, nasjeckani mango i nasjeckani ananas u mrvice kolača i miješajte dok se dobro ne sjedine.
d) Smjesu za kolač razvaljajte u male kuglice i stavite ih na lim obložen papirom za pečenje.
e) Utaknite štapić lizalice u svaku kuglicu i zamrznite 15 minuta.
f) Bijelu čokoladu otopiti prema uputama na pakiranju.
g) Svaki cake pop umočite u otopljenu bijelu čokoladu, pustite da višak iscuri.
h) Po izboru: ukrasite raznim kriškama tropskog voća ili jestivim cvijećem za tropski dodir.
i) Ostavite da se čokolada stegne prije posluživanja.

## 48.Kiwi Strawberry Cake Pops

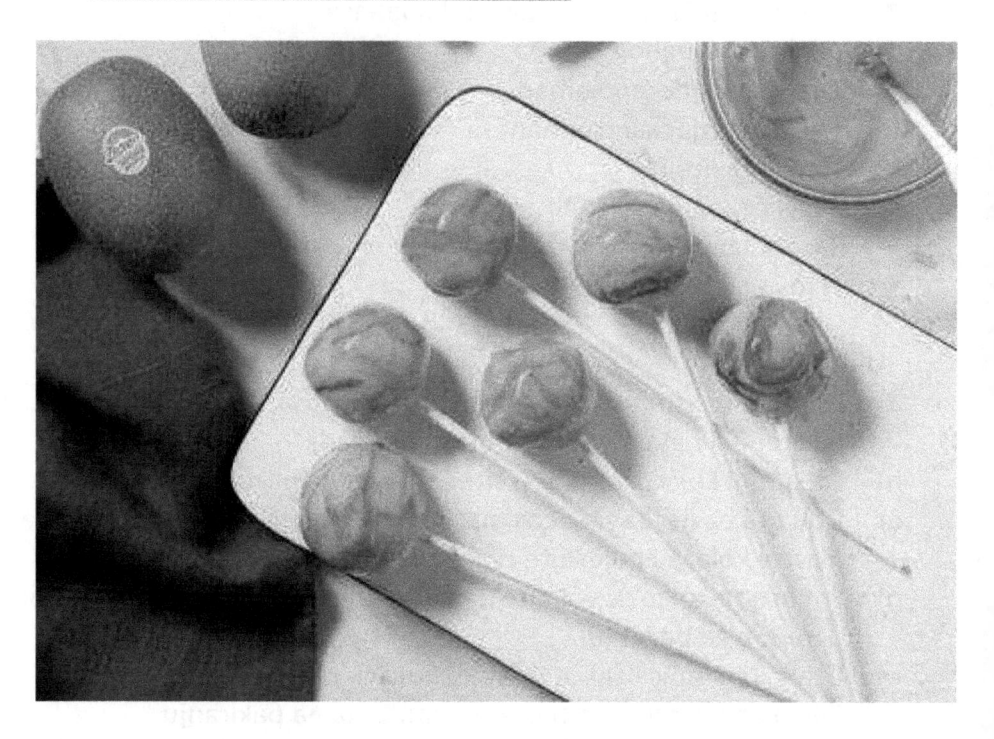

**SASTOJCI:**
- 1 kutija smjese za kolače od jagoda
- 1/2 šalice kivija narezanog na kockice
- 1 šalica glazure od vanilije
- 12 unci bijelih slatkiša se topi
- Kriške kivija i jagode za ukras

**UPUTE:**
a) Ispecite smjesu za kolače s jagodama prema uputama na pakiranju. Neka se potpuno ohladi.
b) Izmrvite kolač u veliku zdjelu i umiješajte kivi narezan na kockice i glazuru od vanilije dok se dobro ne sjedini.
c) Smjesu razvaljajte u male kuglice i stavite ih na pleh obložen papirom za pečenje.
d) Otopite bijele bombone prema uputama na pakiranju.
e) Umočite vrh štapića lizalice u otopljenu otopinu slatkiša i umetnite ga u kuglu za tortu. Ponovite s preostalim kuglicama za kolače.
f) Svaki kolačić umočite u otopljenu otopinu slatkiša, otkucavajući sav višak.
g) Odozgo ukrasite kriškom kivija ili jagode.
h) Pustite da se cake pops stegne na papiru za pečenje dok se premaz od slatkiša ne stvrdne.

## 49. Banana Split Cake Pops

**SASTOJCI:**
- 1 kutija smjese za kolače od banana
- 1/2 šalice ananasa narezanog na kockice
- 1/2 šalice nasjeckanih jagoda
- 1/4 šalice nasjeckanih orašastih plodova (po želji)
- 1 šalica čokoladne glazure
- 12 unci bombona od mliječne čokolade se topi
- Maraschino višnje za ukras

**UPUTE:**
a) Pripremite smjesu za kolač od banane prema uputama na pakiranju. Neka se potpuno ohladi.
b) Izmrvite kolač u veliku zdjelu i umiješajte ananas narezan na kockice, nasjeckane jagode, nasjeckane orašaste plodove (ako koristite) i čokoladnu glazuru dok se dobro ne sjedini.
c) Smjesu razvaljajte u male kuglice i stavite ih na pleh obložen papirom za pečenje.
d) Otopite mliječne čokoladne bombone prema uputama na pakiranju.
e) Vrh štapića lizalice umočite u otopljenu čokoladu i umetnite u kuglicu za tortu. Ponovite s preostalim kuglicama za kolače.
f) Umočite svaki kolačić u otopljenu čokoladu, otkucajte višak.
g) Stavite višnju maraskino na vrh svakog kolačića.
h) Ostavite cake pops na papiru za pečenje dok se čokoladni premaz ne stvrdne.

## 50.Torte od miješanog bobičastog voća

**SASTOJCI:**
- 1 kutija smjese za kolače od vanilije
- 1/2 šalice miješanog bobičastog voća (kao što su maline, borovnice i kupine), nasjeckanog
- 1 šalica glazure od krem sira
- 12 unci bijelih slatkiša se topi
- Kriške miješanog bobičastog voća za ukrašavanje

**UPUTE:**
a) Pecite smjesu za tortu od vanilije prema uputama na pakiranju. Neka se potpuno ohladi.
b) Izmrvite kolač u veliku zdjelu i umiješajte nasjeckano miješano bobičasto voće i glazuru od krem sira dok se dobro ne sjedini.
c) Smjesu razvaljajte u male kuglice i stavite ih na pleh obložen papirom za pečenje.
d) Otopite bijele bombone prema uputama na pakiranju.
e) Umočite vrh štapića lizalice u otopljenu otopinu slatkiša i umetnite ga u kuglu za tortu. Ponovite s preostalim kuglicama za kolače.
f) Umočite svaki kolačić u otopljenu otopinu slatkiša, otkucavši sav višak.
g) Odozgo ukrasite kriškama miješanog bobičastog voća.
h) Pustite da se cake pops stegne na papiru za pečenje dok se premaz od slatkiša ne stvrdne.

## 51.Ananas naopačke kolačići

**SASTOJCI:**
- 1 kutija žute smjese za kolače
- 1 šalica ananasa narezanog na kockice, ocijeđenog
- 1/2 šalice trešanja maraskina, nasjeckanih
- 1 šalica glazure od vanilije
- 12 unci žutog bombona se topi
- Maraschino višnje za ukras

**UPUTE:**
a) Pripremite žutu smjesu za kolač prema uputama na pakiranju. Neka se potpuno ohladi.
b) Izmrvite kolač u veliku zdjelu i umiješajte ananas narezan na kockice, nasjeckane višnje maraskino i glazuru od vanilije dok se dobro ne sjedini.
c) Smjesu razvaljajte u male kuglice i stavite ih na pleh obložen papirom za pečenje.
d) Otopite žute bombone prema uputama na pakiranju.
e) Umočite vrh štapića lizalice u otopljenu otopinu slatkiša i umetnite ga u kuglu za tortu. Ponovite s preostalim kuglicama za kolače.
f) Svaki kolačić umočite u otopljenu otopinu slatkiša, otkucavajući sav višak.
g) Stavite višnju maraskino na vrh svakog kolačića.
h) Pustite da se cake pops stegne na papiru za pečenje dok se premaz od slatkiša ne stvrdne.

## 52.Kokos limeta kolačići

**SASTOJCI:**
- 1 kutija bijele smjese za kolače
- Korica 2 limete
- 1 šalica naribanog kokosa
- 1 šalica glazure od krem sira
- 12 unci bijelih slatkiša se topi
- Kriške limete za ukras

**UPUTE:**
a) Smjesu za bijeli kolač pripremite prema uputama na pakiranju. Neka se potpuno ohladi.
b) Izmrvite kolač u veliku zdjelu i umiješajte koricu limete, nasjeckani kokos i glazuru od krem sira dok se dobro ne sjedini.
c) Smjesu razvaljajte u male kuglice i stavite ih na pleh obložen papirom za pečenje.
d) Otopite bijele bombone prema uputama na pakiranju.
e) Umočite vrh štapića lizalice u otopljenu otopinu slatkiša i umetnite ga u kuglu za tortu. Ponovite s preostalim kuglicama za kolače.
f) Umočite svaki kolačić u otopljenu otopinu slatkiša, otkucavši sav višak.
g) Odozgo ukrasite kriškom limete.
h) Pustite da se cake pops stegne na papiru za pečenje dok se premaz od slatkiša ne stvrdne.

## 53.Čokoladni kolač od maline

**SASTOJCI:**
- 1 kutija smjese za čokoladne torte
- 1 šalica konzerviranih malina
- 1 šalica čokoladne glazure
- 12 unci tamne čokolade se topi
- Svježe maline za ukras

**UPUTE:**
a) Ispecite smjesu za čokoladnu tortu prema uputama na pakiranju. Neka se potpuno ohladi.
b) Izmrvite kolač u veliku zdjelu i umiješajte konzervirane maline i čokoladnu glazuru dok se dobro ne sjedine.
c) Smjesu razvaljajte u male kuglice i stavite ih na pleh obložen papirom za pečenje.
d) Otopite bombone od tamne čokolade prema uputama na pakiranju.
e) Vrh štapića lizalice umočite u otopljenu čokoladu i umetnite u kuglicu za tortu. Ponovite s preostalim kuglicama za kolače.
f) Umočite svaki kolačić u otopljenu čokoladu, otkucajte višak.
g) Stavite svježu malinu na vrh svakog kolačića.
h) Ostavite cake pops na pek papiru dok se čokoladni premaz ne stvrdne.

# 54. Jabuka i cimet kolačići

## SASTOJCI:
- 1 kutija mješavine začina za kolače
- 1 šalica sitno nasjeckanih jabuka
- 1 žličica mljevenog cimeta
- 1 šalica glazure od krem sira
- 12 unci bombona s okusom karamele se topi
- Štapići cimeta za ukrašavanje

## UPUTE:
a) Pripremite mješavinu začinskog kolača prema uputama na pakiranju. Neka se potpuno ohladi.
b) Izmrvite kolač u veliku zdjelu i umiješajte nasjeckane jabuke, mljeveni cimet i glazuru od krem sira dok se dobro ne sjedini.
c) Smjesu razvaljajte u male kuglice i stavite ih na pleh obložen papirom za pečenje.
d) Otopite bombone s okusom karamele prema uputama na pakiranju.
e) Umočite vrh štapića lizalice u otopljenu otopinu slatkiša i umetnite ga u kuglu za tortu. Ponovite s preostalim kuglicama za kolače.
f) Svaki kolačić umočite u otopljenu otopinu slatkiša, otkucavajući sav višak.
g) Odozgo ukrasite malim štapićem cimeta.
h) Pustite da se cake pops stegne na papiru za pečenje dok se premaz od slatkiša ne stvrdne.

# CVJETNE TORTE POPS

# 55. Jasmine Cake Pops

**SASTOJCI:**
- 1 kutija bijele smjese za kolače
- 2 žlice osušenih cvjetova jasmina, sitno samljevenih
- 1 šalica glazure od vanilije
- 12 unci bijelih slatkiša se topi
- Jestivi cvjetovi jasmina za ukras

**UPUTE:**
a) Smjesu za bijeli kolač pripremite prema uputama na pakiranju, dodajući u tijesto sitno samljevene suhe cvjetove jasmina. Neka se potpuno ohladi.
b) Izmrvite kolač u veliku zdjelu i umiješajte glazuru od vanilije dok se dobro ne sjedini.
c) Smjesu razvaljajte u male kuglice i stavite ih na pleh obložen papirom za pečenje.
d) Otopite bijele bombone prema uputama na pakiranju.
e) Umočite vrh štapića lizalice u otopljenu otopinu slatkiša i umetnite ga u kuglu za tortu. Ponovite s preostalim kuglicama za kolače.
f) Svaki kolačić umočite u otopljenu otopinu slatkiša, otkucavajući sav višak.
g) Odozgo ukrasite jestivim cvjetovima jasmina.
h) Pustite da se cake pops stegne na papiru za pečenje dok se premaz od slatkiša ne stvrdne.

## 56.Hibiskus Cake Pops

**SASTOJCI:**
- 1 kutija smjese za kolače od jagoda
- 1/4 šalice osušenih cvjetova hibiskusa, sitno mljevenih
- 1 šalica glazure od krem sira
- 12 unci ružičastog slatkiša se topi
- Jestive latice hibiskusa za ukras

**UPUTE:**
a) Pripremite smjesu za kolače od jagoda prema uputama na pakiranju. Neka se potpuno ohladi.
b) Izmrvite kolač u veliku zdjelu i umiješajte fino mljevene osušene cvjetove hibiskusa i glazuru od krem sira dok se dobro ne sjedini.
c) Smjesu razvaljajte u male kuglice i stavite ih na pleh obložen papirom za pečenje.
d) Rastopite ružičaste bombone prema uputama na pakiranju.
e) Umočite vrh štapića lizalice u otopljenu otopinu slatkiša i umetnite ga u kuglu za tortu. Ponovite s preostalim kuglicama za kolače.
f) Svaki kolačić umočite u otopljenu otopinu slatkiša, otkucavši sav višak.
g) Odozgo ukrasite jestivim laticama hibiskusa.
h) Pustite cake pops na papiru za pečenje dok se premaz od slatkiša ne stvrdne.

## 57. Kamilica i limun kolačići

**SASTOJCI:**
- 1 kutija smjese za kolače s limunom
- 2 žlice suhih cvjetova kamilice
- Korica od 1 limuna
- 1 šalica glazure od limuna
- 12 unci žutog bombona se topi
- Jestivi cvjetovi kamilice za ukras

**UPUTE:**
a) Pripremite smjesu za kolač od limuna prema uputama na pakiranju, dodajući u tijesto osušene cvjetove kamilice i koricu limuna. Neka se potpuno ohladi.
b) Izmrvite kolač u veliku zdjelu i umiješajte glazuru od limuna dok se dobro ne sjedini.
c) Smjesu razvaljajte u male kuglice i stavite ih na pleh obložen papirom za pečenje.
d) Otopite žute bombone prema uputama na pakiranju.
e) Umočite vrh štapića lizalice u otopljenu otopinu slatkiša i umetnite ga u kuglu za tortu. Ponovite s preostalim kuglicama za kolače.
f) Svaki kolačić umočite u otopljenu otopinu slatkiša, otkucavajući sav višak.
g) Odozgo ukrasite jestivim cvjetovima kamilice.
h) Pustite da se cake pops stegne na papiru za pečenje dok se premaz od slatkiša ne stvrdne.

## 58. Violet Cake Pops

**SASTOJCI:**
- 1 kutija smjese za kolače od vanilije
- 2 žlice osušenih cvjetova ljubičice, sitno samljevenih
- 1 šalica glazure od vanilije
- 12 unci ljubičastih bombona se topi
- Jestivi cvjetovi ljubičice za ukras

**UPUTE:**
a) Pripremite smjesu za tortu od vanilije prema uputama na pakiranju, dodajući u tijesto sitno samljevene suhe cvjetove ljubičice. Neka se potpuno ohladi.
b) Izmrvite kolač u veliku zdjelu i umiješajte glazuru od vanilije dok se dobro ne sjedini.
c) Smjesu razvaljajte u male kuglice i stavite ih na pleh obložen papirom za pečenje.
d) Otopite ljubičaste bombone prema uputama na pakiranju.
e) Umočite vrh štapića lizalice u otopljenu otopinu slatkiša i umetnite ga u kuglu za tortu. Ponovite s preostalim kuglicama za kolače.
f) Umočite svaki kolačić u otopljenu otopinu slatkiša, otkucavši sav višak.
g) Odozgo ukrasite cvjetovima jestivih ljubičica.
h) Pustite da se cake pops stegne na papiru za pečenje dok se premaz od slatkiša ne stvrdne.

## 59. Rose Cake Pops

**SASTOJCI:**
- 1 kutija smjese za kolače od vanilije
- 1 žličica ružine vodice
- Ružičasta prehrambena boja (po izboru)
- 1 šalica glazure od vanilije
- 12 unci ružičastog slatkiša se topi
- Jestive latice ruže za ukras

**UPUTE:**
a) Pripremite smjesu za kolač od vanilije prema uputama na pakiranju, dodajući ružinu vodicu u tijesto. Po želji dodajte nekoliko kapi ružičaste prehrambene boje za življu boju. Neka se potpuno ohladi.
b) Izmrvite kolač u veliku zdjelu i umiješajte glazuru od vanilije dok se dobro ne sjedini.
c) Smjesu razvaljajte u male kuglice i stavite ih na pleh obložen papirom za pečenje.
d) Rastopite ružičaste bombone prema uputama na pakiranju.
e) Umočite vrh štapića lizalice u otopljenu otopinu slatkiša i umetnite ga u kuglu za tortu. Ponovite s preostalim kuglicama za kolače.
f) Svaki kolačić umočite u otopljenu otopinu slatkiša, otkucavajući sav višak.
g) Odozgo ukrasite jestivim laticama ruže.
h) Pustite da se cake pops stegne na papiru za pečenje dok se premaz od slatkiša ne stvrdne.

## 60. Medeni kolač od lavande

**SASTOJCI:**
- 1 kutija žute smjese za kolače
- 2 žlice sušene kulinarske lavande
- 1/4 šalice meda
- 1 šalica glazure od vanilije
- 12 unci bombona boje lavande se topi
- Jestivo cvijeće za ukrašavanje

**UPUTE:**
a) Ispecite žutu smjesu za kolač prema uputama na pakiranju, dodajte sušenu lavandu u tijesto prije pečenja. Neka se potpuno ohladi.
b) Izmrvite kolač u veliku zdjelu i umiješajte glazuru od meda i vanilije dok se dobro ne sjedini.
c) Smjesu razvaljajte u male kuglice i stavite ih na pleh obložen papirom za pečenje.
d) Otopite bombone boje lavande prema uputama na pakiranju.
e) Umočite vrh štapića lizalice u otopljenu otopinu slatkiša i umetnite ga u kuglu za tortu. Ponovite s preostalim kuglicama za kolače.
f) Svaki kolačić umočite u otopljenu otopinu slatkiša, otkucavajući sav višak.
g) Odozgo ukrasite jestivim cvijećem.
h) Pustite da se cake pops stegne na papiru za pečenje dok se premaz od slatkiša ne stvrdne.

# TORTA OD ŽITARICA

## 61.Froot Loops Cake Pops

**SASTOJCI:**
- 1 kutija (15,25 unci) jagode ili žute smjese za kolače
- ¾ šalice glazure od kremastog sira u konzervi
- 1 funta slastičarskog premaza od slatkiša (oko 3 šalice), bilo koje boje
- 4 šalice Froot Loops žitarica

**UPUTE:**
a) Pripremite smjesu za kolač prema uputama na pakiranju i ispecite je u tepsiji veličine 13 x 9 x 2 inča. Pustite da se potpuno ohladi.
b) Ohlađeni kolač izmrvite u fine mrvice u velikoj posudi za miješanje. Žlicom nanesite glazuru na mrvice i tucite na maloj brzini električnom miješalicom dok se dobro ne sjedini.
c) Dva lima za pečenje obložite voštanim papirom. Rukama oblikujte smjesu za kolač u kuglice od 1 ½ inča na krajevima štapića za kolače. Stavite ih na jedan od pripremljenih limova za pečenje i lagano ih prekrijte voštanim papirom. Zamrznite na 30 minuta.
d) U međuvremenu otopite slastičarski premaz prema uputama na pakiranju. Izvadite nekoliko cake popsova iz zamrzivača, a ostatak ostavite smrznutim. Pažljivo ih umočite u premaz, pustite da sav višak kapne. Pritisnite FROOT LOOPS žitarice na premaz.
e) Stavite ih na drugi pripremljeni lim za pečenje ili u stalak za kolače. Stavite u hladnjak na 10 minuta ili dok se premaz ne stegne.

## 62.Voćni Pebble Cake Pops

**SASTOJCI:**
- 1 paket (15,25 unci) smjese za kolače od vanilije ili žute boje
- ¾ šalice glazure od kremastog sira u konzervi
- 1 funta slastičarskog premaza bilo koje boje (oko 3 šalice)
- 4 šalice žitarica Fruity Pebbles

**UPUTE:**
a) Pripremite smjesu za kolač prema uputama na pakiranju i ispecite je u kalupu za pečenje 13 x 9 x 2 inča. Neka se potpuno ohladi.
b) U velikoj zdjeli za miješanje izmrvite ohlađeni kolač u fine mrvice. Dodajte glazuru od krem sira i miješajte dok se dobro ne sjedini.
c) Dva lima za pečenje obložite voštanim papirom. Oblikujte smjesu za kolač u kuglice od 1 ½ inča i stavite ih na pripremljene limove za pečenje. Lagano ih prekrijte voštanim papirom i zamrznite 30 minuta.
d) U međuvremenu otopite slastičarski premaz prema uputama na pakiranju. Izvadite nekoliko cake popsova iz zamrzivača, a ostatak ostavite smrznutim. Umočite svaki kolačić u otopljeni premaz, dopuštajući da višak opadne.
e) Uvaljajte obložene cake pops u Fruity Pebbles žitarice dok potpuno ne prekriju. Vratite ih na lim za pečenje ili u stalak za kolače. Stavite u hladnjak na 10 minuta ili dok se premaz ne stegne. Uživajte u svojim Fruity Pebble cake pops!

## 63.Trix kolačići od žitarica

**SASTOJCI:**
- 1 kutija Betty Crocker Super Moist Yellow mješavine za kolače ili Betty Crocker Super Moist bijele smjese za kolače
- Voda, biljno ulje i jaja ili bjelanjci prema uputama za smjesu za kolače
- 1 posuda (16 unci) Betty Crocker bogate i kremaste glazure od vanilije
- 4 šalice Trix žitarica
- 36 unci slatkiša s okusom vanilije (bademova kora)
- 48 papirnatih štapića za lizalice

**UPUTE:**
a) Zagrijte pećnicu na 350°F (325°F za tamnu ili neljepljivu posudu). Pripremite i ispecite kolač prema uputama na kutiji za tepsiju 13x9 inča. Ostavite da se potpuno ohladi, oko 1 sat.
b) U velikoj zdjeli izmrvite kolač i umiješajte glazuru dok se temeljito ne sjedini. Ostavite u hladnjaku oko 2 sata ili dok se dovoljno ne stegne za oblikovanje.
c) Smjesu za kolač razvaljajte u 48 loptica, svaka veličine oko 1 ½ inča, i stavite ih na lim za kekse. Zamrznite 1 do 2 sata ili dok se ne stegne. U međuvremenu grubo zdrobite žitarice. Drugi lim za kolačiće obložite voštanim papirom.
d) U zdjelu od 1 litre prikladnu za mikrovalnu pećnicu, stavite u mikrovalnu 12 unci premaza od slatkiša nepokrivenog na High 1 minutu 30 sekundi; promiješati. Nastavite peći u mikrovalnoj pećnici i miješajte u intervalima od 15 sekundi dok se ne otopi; miješajte dok ne postane glatko. Izvadite trećinu kuglica iz zamrzivača. Pomoću 2 vilice svaku kuglicu umočite i uvaljajte u premaz.
e) Stavite ih na lim za kolačiće obložen voštanim papirom. Odmah pospite mljevenim žitaricama. Otopite preostalu prevlaku od slatkiša u serijama od 12 unci; umočite preostale kuglice i pospite žitaricama. Stavite ih u hladnjak.
f) Za posluživanje pažljivo zabodite štapiće u kuglice. Sve ostatke kuglica od kolača pohranite u hermetički zatvorenu posudu u hladnjaku.

## 64. Cheerios Banana Cake Pops

**SASTOJCI:**
- 1 kutija Betty Crocker Super Moist Yellow mješavine za kolače
- 1 šalica zgnječenih vrlo zrelih banana (2 srednje banane)
- ½ šalice biljnog ulja
- ¼ šalice vode
- 3 jaja
- 2 ½ vrećice (svaka po 14 unci) žutih slatkiša
- 60 papirnatih štapića za lizalice
- 3 ½ šalice žitarica Chocolate Cheerios
- 3 ½ šalice žitarica Cheerios s maslacem od kikirikija

**UPUTE:**
a) Zagrijte pećnicu na 325°F (163°C). Pošpricajte neljepljivu posudu za pečenje cake pop sprejem za pečenje koji sadrži brašno.
b) U velikoj zdjeli pomiješajte smjesu za kolače, zgnječene banane, biljno ulje, vodu i jaja električnom miješalicom na maloj brzini 30 sekundi. Zatim tucite na srednjoj brzini 2 minute, povremeno stružući zdjelu dok smjesa ne postane glatka.
c) U donju polovicu kalupa (bez rupa) napunite svaku udubinu s 1 ravnom mjernom žlicom tijesta za kolače. Stavite gornju polovicu posude na vrh i učvrstite je ključevima. (Preostalo tijesto za kolač pokrijte plastičnom folijom i ohladite.)
d) Pecite 18 do 22 minute ili dok čačkalica zabodena u sredinu ne izađe čista. Ostavite kuglice za tortu da se ohlade 5 minuta u kalupu, zatim ih izvadite i potpuno ohladite na rešetki.
e) Ponovite s preostalim tijestom za kolače, očistite i poprskajte kalup prije nego što ga ponovno napunite tijestom.
f) U zdjeli koja se može peći u mikrovalnoj pećnici stavite u mikrovalnu 1 vrećicu slatkiša nepokrivenu na srednjoj (50%) snazi 1 minutu, zatim u intervalima od 15 sekundi, dok se ne otopi; miješajte dok ne postane glatko.
g) Pečenim kuglicama prije umakanja obrežite rubove.
h) Umočite vrh svakog štapića lizalice otprilike ½ inča u otopljeni slatkiš i umetnite ga u kalup za kolače, zatim uronite štapić za kolače u rastopljeni slatkiš da ga prekrijete.
i) Otklonite sav višak. (Ponovo zagrijte bombon u mikrovalnoj pećnici ako postane pregust za premazivanje.) Odmah stavite žitarice na premazane cake popse kako biste ih ukrasili. Umetnite cake pops u plastičnu pjenu kako bi se slatkiš stvrdnuo.
j) Ponovite s preostalim cake popsima i bombonima.

# 65. Cinnamon Toast Crunch Cake Pops

**SASTOJCI:**
- 1 kutija žute smjese za kolače
- Voda, biljno ulje i jaja prema potrebi za smjesom za kolače
- ½ šalice zgnječenih žitarica s cimetom Toast Crunch
- ¾ šalice glazure od krem sira
- 1 paket (16 unci) bombona od vanilije
- 48 papirnatih štapića za lizalice
- Dodatna žitarica za tost s cimetom za dekoraciju (po izboru)

**UPUTE:**
a) Pripremite žutu smjesu za kolače prema uputama na kutiji, koristeći potrebnu vodu, biljno ulje i jaja. Ostavite kolač da se potpuno ohladi kada je pečen.
b) U velikoj zdjeli za miješanje izmrvite ohlađeni kolač u fine mrvice.
c) Dodajte smrvljene žitarice Cinnamon Toast Crunch i glazuru od krem sira u mrvice kolača. Miješajte dok se dobro ne sjedini i dok se smjesa ne drži zajedno.
d) Oblikujte smjesu za kolače u kuglice od 1 ½ inča i stavite ih na lim za pečenje obložen papirom za pečenje.
e) U svaku kuglicu za tortu umetnite štapić lizalice.
f) Otopite premaz od bombona od vanilije prema uputama na pakiranju.
g) Umočite svaki kolačić u otopljeni premaz od slatkiša, pazeći da bude ravnomjerno premazan. Pustite da sav višak premaza otpadne.
h) Ako želite, posipajte još zdrobljenih žitarica Cinnamon Toast Crunch na vrh premazanih kolačića za ukrašavanje.
i) Postavite cake pops uspravno na lim obložen papirom za pečenje ili umetnite štapiće u blok pjene kako bi se premaz stvrdnuo.
j) Nakon što se premaz stvrdne, vaši Cinnamon Toast Crunch kolačići spremni su za posluživanje. Uživati!

## 66. Lucky Charms čokoladne žitarice

**SASTOJCI:**
- 6 šalica žitarica Lucky Charms
- ¼ šalice maslaca (½ štapića)
- ¾ šalice komadića bijele čokolade
- 1 vrećica od 10 unci mini marshmallow kolačića
- 1 žličica ekstrakta vanilije
- Dodatna bijela čokolada za umakanje

**UPUTE:**
a) Ulijte šest šalica žitarica Lucky Charms u veliku zdjelu za miješanje.
b) U loncu na srednjoj vatri otopite maslac.
c) Otopljenom maslacu dodajte komadiće bijele čokolade i nastavite topiti.
d) Nakon što se komadići čokolade otope, dodajte mini marshmallows i miješajte dok se potpuno ne otopi. Umiješajte ekstrakt vanilije.
e) Otopljenu mješavinu marshmallowa prelijte preko Lucky Charms žitarica i dobro promiješajte. U početku upotrijebite žlicu, zatim operite ruke kako biste osigurali temeljito miješanje.
f) Raširite smjesu u staklenu posudu veličine 13x9 inča poprskanu sprejom za kuhanje. Pustite da odstoji, pa ga narežite na kvadrate.
g) Smjesu žitarica razvaljajte u kuglice malo veće od veličine kolačića. U svaku lopticu umetnite štapić za sladoled tako što ćete na jedan kraj štapića dodati malo otopljene čokolade i gurnuti ga u štapić od žitarica.
h) Ostavite da se stegne, a zatim umočite vrh žitarica u otopljenu bijelu čokoladu. Umetnite drugi kraj štapića za sladoled u pjenu kako bi se stvrdnula.
i) Smjesu žitarica razvaljajte u kuglice.
j) Suprotne krajeve žitarica umočite u otopljenu bijelu čokoladu.
k) Stavite ih u omote za kolače s jednim od krajeva umočenih u bijelu čokoladu prema dolje. Čokolada će pomoći da žitarice ostanu na mjestu.

# 67. Čokoladni kolači s bademom i žitaricama

**SASTOJCI:**
- 1 paket Bob's Red Mill mješavine za čokoladne kolače bez žitarica
- 1 limenka čokoladne glazure
- 2 šalice Kind tamne čokolade i badema
- 2 šalice otopljene poluslatke čokolade
- Slatki štapići

**UPUTE:**
a) Pripremite Bob's Red Mill čokoladnu tortu bez žitarica prema uputama na pakiranju. Kada se ohladi, izmrvite kolač i umiješajte čokoladnu glazuru dok se dobro ne sjedini. Smjesu razvaljajte u kuglice.
b) Umočite vrh svakog štapića u otopljenu čokoladu, a zatim ga umetnite u svaku kuglicu za tortu. Ohladite kuglice za kolače dok se ne stegne, oko sat vremena.
c) U sjeckalici dodajte žitarice od badema Kind Dark Chocolate i miksajte dok ne budu grubo samljevene. Staviti na stranu.
d) Svaku kuglicu torte umočite u preostalu otopljenu čokoladu, pazeći da bude ravnomjerno obložena. Zatim čokoladom prelivene kuglice za kolače premažite mljevenim žitaricama.
e) Gotove cake popse stavite na pjenastu dasku da se stvrdnu.
f) Poslužite i uživajte u ukusnim kolačićima od žitarica!

# 68. Nugat Pops

**SASTOJCI:**
- 16 unci/452 grama paperja od bijelog sljeza
- 1 šalica rižinih hrskavica
- ¾ šalice Gefen maslaca od kikirikija
- Otopljena čokolada po izboru, za umakanje
- Crunch od kokosa ili kikirikija, za ukras (kao što je Baker's Choice)

**UPUTE:**
a) Pomiješajte sve sastojke u zdjeli, miješajući smjesu rukom ili metalnom žlicom dok se dobro ne sjedine i ne ljepe. Smjesa će postati elastična.
b) Rukom oblikujte kuglice i stavite ih na pleh obložen Gefen papirom za pečenje.
c) Zamrznite oko 20 minuta ili dok ne budete spremni za umak. Možda ćete htjeti ponovno razmotati kuglice dok su hladne, jer se sklone skupljati.
d) Svaku kuglicu odmah umočite u otopljenu čokoladu po izboru, a zatim ukrasite crunchom od kokosa ili kikirikija. Ponovno zamrznite dok ne budete spremni za jelo.
e) Mogu se čuvati kao kuglice ili se od njih prave pops. Za pops, umetnite štapiće nakon što ih izvadite iz zamrzivača.
f) Uživajte u ukusnim Nougat Pops!

# KARAMEL TORTA POPS

## 69.Kuglice za tortu Dulce de Leche

**SASTOJCI:**
- 1 recept Žuta torta od mlaćenice, pečena, ohlađena i izmrvljena
- 1 (13,4 do 14 unci) limenka dulce de leche
- 1 ¾ funte mliječne čokolade, sitno nasjeckane
- 5 unci karamele, kao što je Nestlé
- 56 minijaturnih nabranih papirnatih čaša (po izboru)

**UPUTE:**
a) Pomiješajte izmrvljeni kolač s ¾ šalice dulce de lechea. Prilagodite količinu dulce de lechea prema potrebi za okus i vlažnost. Smjesu razvaljajte u kuglice za kolače veličine loptice za golf. Stavite u hladnjak dok se ne stegne. To se može učiniti 1 dan unaprijed; čvrste kuglice pohranite u hermetički zatvorenu posudu.

b) Dva obrubljena lima za pečenje obložite papirom za pečenje ili aluminijskom folijom. Mliječnu čokoladu otopite u mikrovalnoj pećnici ili na pari.

c) Svaku kuglicu torte jednu po jednu umočite u otopljenu čokoladu, dopuštajući da višak čokolade kapne natrag u posudu. Premazane kuglice ravnomjerno rasporedite na pripremljene posude. Ostavite kratko u hladnjaku dok se čokolada ne stegne.

d) Pecite karamel u mikrovalnoj dok ne postane tekuć, pazeći da ne zavrije. Vilicom nakapajte cik-cak karamelu na vrh svake kuglice obložene čokoladom. Ponovno ohladite dok se karamel ne stegne. Po potrebi obrežite donji dio kuglica za kolače. Po želji, svaku kuglicu torte stavite u minijaturnu nabrastu papirnatu čašu.

e) Posložite kuglice za kolače u jednom sloju u hermetički zatvorenu posudu i stavite u hladnjak do 4 dana. Prije posluživanja stavite ih na sobnu temperaturu.

## 70.Caramel Jabuka Donut Cake Pops

## SASTOJCI:
- 12 popečaka s jabukama ili glaziranih krafni od jabukovače
- 2-4 žlice maslaca od jabuka
- 1 žličica paste od mahune vanilije
- 10 unci Werther's Original karamela za žvakanje
- 3 žlice gustog vrhnja za šlag
- Sjeckani kikiriki
- Štapići za kolače ili lizalice (po izboru)
- Mini podloge za kolače (po izboru)

## UPUTE:
a) Lim za pečenje obložite papirom za pečenje i malo ga namastite.
b) Popečke s jabukama ili glazirane krafne narežite na komade veličine zalogaja. Koristite mikser kako biste potpuno izmrvili komade prije dodavanja mokrih sastojaka.
c) Nakon što su komadići izmrvljeni, dodajte pastu od mahune vanilije i postupno dodajte maslac od jabuke, žlicu po žlicu, dok smjesa ne dobije vlažnu konzistenciju koja podsjeća na tijesto za kolače, ali ne tako gnjecavo kao tijesto za kolače.
d) Tijesto se treba formirati u veliku kuglu i držati oblik kada se valja, a da se ne mrvi.
e) Upotrijebite žlicu za kekse od 1 unce da podijelite tijesto i razvaljajte ga u kuglice.
f) U zdjeli za mikrovalnu pećnicu pomiješajte šaku karamela s jednom trećinom čvrstog vrhnja za šlag. Zagrijte u mikrovalnoj pećnici u koracima od 10 sekundi, miješajući nakon svake runde, ukupno 30 sekundi kako biste spriječili da zagori.
g) Vrhove štapića za cake pop umočite u otopljeni karamel. To će pomoći da se kuglice tijesta zalijepe za štapiće.
h) Umočite kraj štapića premazan karamelom oko pola inča u razvaljane kuglice tijesta i stavite ih na pripremljeni lim za pečenje.
i) Po želji: Zamrznite cake popse sa štapićima 15-20 minuta kako biste ih lakše umočili u karamel.
j) Dok se cake pops stegne nasjeckajte kikiriki i stavite ga u zdjelu. Također, pripremite obloge za kolače.

k) Zagrijte preostalu karamelu i vrhnje za šlag u loncu na laganoj vatri, neprestano miješajući dok se ne postane glatka i otopi.
l) Zagrabite toplu rastopljenu karamelu velikom žlicom i vrtite kolačiće u žlici umjesto da ih izravno umačete.
m) Odmah nakon što ste uvrnuli cake pops u vruću karamelu, umočite ih u nasjeckani kikiriki, a zatim ih stavite u kalupe za kolače.
n) Ohladite cake popse u hladnjaku kako bi zadržali oblik i svježinu. Izvadite ih iz hladnjaka najmanje 10 minuta prije posluživanja.

## 71.Kuglice za tortu od slane karamele

**SASTOJCI:**
**ZA KUGLICE ZA TORTU:**
- 1 kutija smjese za karamel kolače
- ½ šalice neslanog maslaca, omekšalog
- ½ šalice punomasnog mlijeka
- 3 velika jaja

**ZA NADJEV ZA SLANI KARAMEL:**
- 1 šalica kupovnog ili domaćeg karamel umaka
- ½ žličice morske soli

**ZA PREMAZ ZA BOMBONE:**
- 12 unci bombona s okusom karamele se topi
- 2 žlice biljnog ulja ili masti
- Krupna morska sol (za ukras, po želji)

**ZA SASTAVLJANJE KUGLICA ZA TORTU:**
- Štapići za kolače ili štapići za lizalice

**UPUTE:**
**ZA KUGLICE ZA TORTU:**
a) Zagrijte pećnicu na temperaturu navedenu na kutiji za smjesu za kolače.
b) Namastite i pobrašnite tepsiju ili je obložite papirom za pečenje.
c) U zdjeli za miješanje pripremite smjesu za karamel kolač prema uputama na pakiranju, koristeći neslani maslac, punomasno mlijeko i jaja.
d) Pecite kolač u prethodno zagrijanoj pećnici dok čačkalica zabodena u sredinu ne izađe čista.
e) Pustite da se kolač potpuno ohladi.

**ZA NADJEV ZA SLANI KARAMEL:**
f) U posebnoj zdjeli pomiješajte karamel umak s morskom soli dok se dobro ne sjedini.

**ZA SASTAVLJANJE KUGLICA ZA TORTU:**
g) Ohlađeni kolač rukama ili kuhačom izmrvite u fine mrvice.
h) Umiješajte nadjev od slane karamele u mrvice za kolače dok se dobro ne sjedine.
i) Smjesu razvaljajte u male kuglice za kolače, otprilike veličine loptice za stolni tenis, i stavite ih na lim obložen papirom za pečenje.

j)   Ohladite kuglice za kolače u hladnjaku oko 30 minuta ili dok se ne stvrdnu.

**ZA PREMAZ ZA BOMBONE:**

k)   U zdjeli prikladnoj za mikrovalnu pećnicu otopite otopine bombona s okusom karamele ili komadiće čokolade s okusom karamele s biljnim uljem ili masnoćom u kratkim intervalima, između vremena miješajući dok ne postane glatko.

l)   Završiti:

m)   Umočite vrh štapića za kolače u otopljeni premaz od slatkiša i umetnite ga u sredinu ohlađene kuglice za tortu, otprilike do polovice.

n)   Umočite cijelu kuglu torte u otopljeni premaz od slatkiša, pazeći da je u potpunosti premazana.

o)   Po želji, svaku kuglicu torte pospite prstohvatom krupne morske soli za dodatni okus.

p)   Stavite kuglice za torte uspravno u blok od stiropora ili stalak za kolače kako bi se premaz od slatkiša potpuno stvrdnuo.

## 72. Caramel Chocolate Cake Pops

**SASTOJCI:**
- 1 kutija smjese za čokoladne torte
- 1 šalica karamel umaka
- 1 šalica čokoladne glazure
- 12 unci bombona od mliječne čokolade se topi
- Zdrobljeni karamel bomboni za ukrašavanje

**UPUTE:**
a) Pripremite smjesu za čokoladnu tortu prema uputama na pakiranju. Neka se potpuno ohladi.
b) Izmrvite kolač u veliku zdjelu i umiješajte karamel umak i čokoladnu glazuru dok se dobro ne sjedine.
c) Smjesu razvaljajte u male kuglice i stavite ih na pleh obložen papirom za pečenje.
d) Otopite mliječne čokoladne bombone prema uputama na pakiranju.
e) Vrh štapića lizalice umočite u otopljenu čokoladu i umetnite u kuglicu za tortu. Ponovite s preostalim kuglicama za kolače.
f) Umočite svaki kolačić u otopljenu čokoladu, otkucajte višak.
g) Pospite zdrobljene karamel bombone na vrhu svake torte za ukras.
h) Ostavite cake pops na papiru za pečenje dok se čokoladni premaz ne stvrdne.

## 73.Karamel kokos kolačići

**SASTOJCI:**
- 1 kutija smjese za kolače od vanilije
- 1 šalica karamel umaka
- 1 šalica naribanog kokosa
- 1 šalica glazure od vanilije
- 12 unci bijelih slatkiša se topi
- Pržene kokosove pahuljice za ukras

**UPUTE:**
a) Pripremite smjesu za kolač od vanilije prema uputama na pakiranju. Neka se potpuno ohladi.
b) Izmrvite kolač u veliku zdjelu i umiješajte karamel umak, nasjeckani kokos i glazuru od vanilije dok se dobro ne sjedini.
c) Smjesu razvaljajte u male kuglice i stavite ih na pleh obložen papirom za pečenje.
d) Otopite bijele bombone prema uputama na pakiranju.
e) Umočite vrh štapića lizalice u otopljenu otopinu slatkiša i umetnite ga u kuglu za tortu. Ponovite s preostalim kuglicama za kolače.
f) Umočite svaki kolačić u otopljenu otopinu slatkiša, otkucavši sav višak.
g) Umočene cake popse uvaljajte u pržene kokosove pahuljice za ukras.
h) Pustite da se cake pops stegne na papiru za pečenje dok se premaz od slatkiša ne stvrdne.

## 74. Caramel Pecan Cake Pops

**SASTOJCI:**
- 1 kutija žute smjese za kolače
- 1 šalica karamel umaka
- 1 šalica nasjeckanih oraha oraha
- 1 šalica glazure od krem sira
- 12 unci bombona s okusom karamele se topi
- Sjeckani pecan orasi za ukras

**UPUTE:**
a) Pripremite žutu smjesu za kolač prema uputama na pakiranju. Neka se potpuno ohladi.
b) Izmrvite kolač u veliku zdjelu i umiješajte umak od karamele, nasjeckane pekan orahe i glazuru od krem sira dok se dobro ne sjedini.
c) Smjesu razvaljajte u male kuglice i stavite ih na pleh obložen papirom za pečenje.
d) Otopite bombone s okusom karamele prema uputama na pakiranju.
e) Umočite vrh štapića lizalice u otopljenu otopinu slatkiša i umetnite ga u kuglu za tortu. Ponovite s preostalim kuglicama za kolače.
f) Svaki kolačić umočite u otopljenu otopinu slatkiša, otkucavajući sav višak.
g) Pospite nasjeckanim pekan orašima na vrh svakog kolačića za ukras.
h) Pustite da se cake pops stegne na papiru za pečenje dok se premaz od slatkiša ne stvrdne.

## 75. Caramel Banana Cake Pops

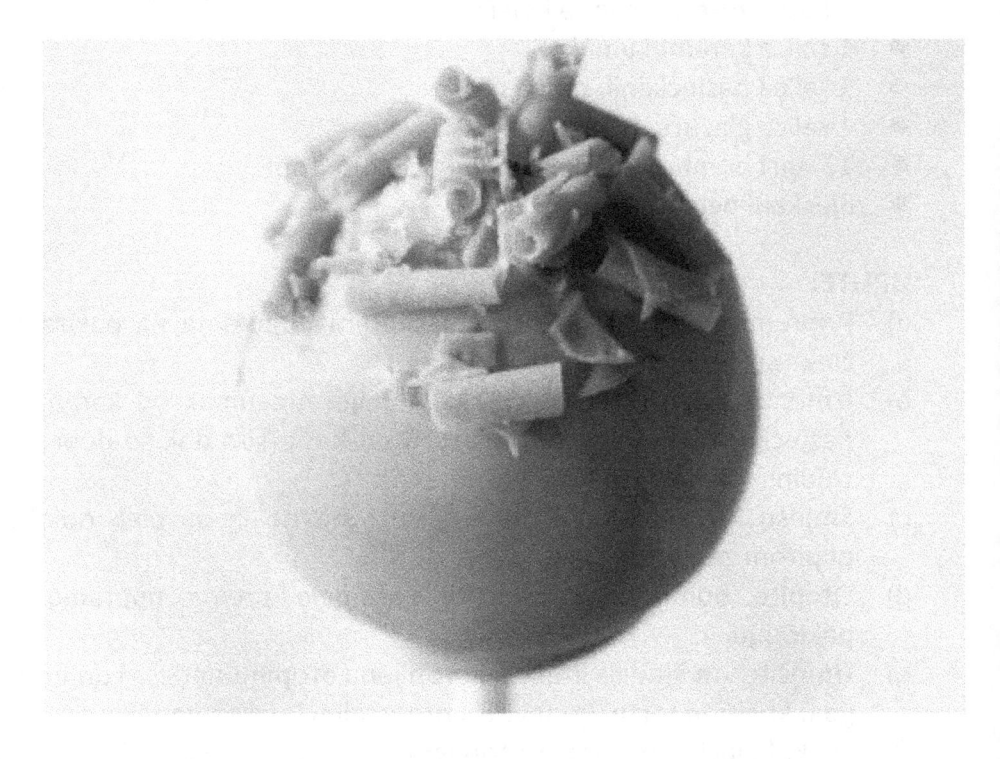

**SASTOJCI:**
- 1 kutija smjese za kolače od banana
- 1 šalica karamel umaka
- 1 šalica zgnječenih zrelih banana
- 1 šalica glazure od vanilije
- 12 unci bijele čokolade se topi
- Mljeveni čips od banane za ukras

**UPUTE:**
a) Pripremite smjesu za kolač od banane prema uputama na pakiranju. Neka se potpuno ohladi.
b) Izmrvite kolač u veliku zdjelu i umiješajte karamel umak, zgnječene zrele banane i glazuru od vanilije dok se dobro ne sjedine.
c) Smjesu razvaljajte u male kuglice i stavite ih na pleh obložen papirom za pečenje.
d) Otopite bombone od bijele čokolade prema uputama na pakiranju.
e) Umočite vrh štapića lizalice u otopljenu otopinu slatkiša i umetnite ga u kuglu za tortu. Ponovite s preostalim kuglicama za kolače.
f) Svaki kolačić umočite u otopljenu otopinu slatkiša, otkucavajući sav višak.
g) Pospite zgnječeni čips od banane na vrh svake torte za ukras.
h) Pustite da se cake pops stegne na papiru za pečenje dok se premaz od slatkiša ne stvrdne.

# KOLAČIĆ TORTA POPS

# 76.Kolačići i kreme za kolače

**SASTOJCI:**
**ZA CAKE POPS:**
- 1 kutija smjese za čokoladne torte
- ½ šalice neslanog maslaca, omekšalog
- ½ šalice punomasnog mlijeka
- 3 velika jaja
- 1 šalica smrvljenih čokoladnih sendvič kolačića (kao što je Oreo)

**ZA PRELIV OD BIJELE ČOKOLADE:**
- 12 unci bijelih slatkiša ili komadića bijele čokolade
- 2 žlice biljnog ulja ili masti

**ZA SASTAVLJANJE CAKE POPSA:**
- Štapići za kolače ili štapići za lizalice

**UPUTE:**
**ZA CAKE POPS:**
a) Zagrijte pećnicu na temperaturu navedenu na kutiji za smjesu za kolače.
b) Namastite i pobrašnite tepsiju ili je obložite papirom za pečenje.
c) U zdjeli za miješanje pripremite smjesu za čokoladnu tortu prema uputama na pakiranju, koristeći neslani maslac, punomasno mlijeko i jaja.
d) Umiješajte zdrobljene čokoladne sendvič kekse u tijesto dok se dobro ne sjedine.
e) Pecite kolač u prethodno zagrijanoj pećnici dok čačkalica zabodena u sredinu ne izađe čista.
f) Pustite da se kolač potpuno ohladi.

**ZA SASTAVLJANJE CAKE POPSA:**
g) Ohlađeni kolač rukama ili kuhačom izmrvite u fine mrvice.
h) Smjesu razvaljajte u male kuglice za kolače, otprilike veličine loptice za stolni tenis, i stavite ih na lim obložen papirom za pečenje.
i) Ohladite kuglice za kolače u hladnjaku oko 30 minuta ili dok se ne stvrdnu.

**ZA PRELIV OD BIJELE ČOKOLADE:**
j) U zdjeli prikladnoj za mikrovalnu pećnicu otopite bijele bombone ili komadiće bijele čokolade s biljnim uljem ili mastima u kratkim intervalima, miješajući u međuvremenu dok ne postane glatka.

**ZAVRŠITI:**
k) Umočite vrh štapića za kolače u otopljenu bijelu čokoladu i umetnite ga u sredinu ohlađene kuglice za tortu, otprilike do polovice.
l) Umočite cijeli cake pop u otopljenu bijelu čokoladu, pazeći da bude potpuno obložen.
m) Po želji, ukrasite cake pops s dodatnim zdrobljenim čokoladnim sendvič kolačićima na vrhu dok je premaz još mokar.
n) Postavite cake pops uspravno u blok od stiropora ili stalak za cake pop kako bi se preljev od bijele čokolade potpuno stvrdnuo.

## 77. Biscoff Cake Pops

**SASTOJCI:**
- 2 šalice izmrvljenih Biscoff kolačića
- ½ šalice krem sira, omekšalog
- 12 unci bijele čokolade, otopljene
- Štapići za lizalice
- Posipi ili mljeveni Biscoff kolačići (za dekoraciju)

**UPUTE:**
a) U zdjeli pomiješajte izmrvljene Biscoff kekse i omekšali krem sir dok se dobro ne sjedine.
b) Smjesu razvaljajte u male kuglice, promjera oko 1 inča, i stavite ih na lim obložen papirom za pečenje.
c) Umetnite štapić lizalice u svaku kuglicu za tortu i zamrznite ih oko 30 minuta da se stegne.
d) Umočite svaki kolačić u otopljenu bijelu čokoladu, pustite da sav višak iscuri.
e) Cake pops odmah ukrasite posipom ili mljevenim Biscoff keksima prije nego se čokolada stegne.
f) Postavite cake pops uspravno u pjenasti blok ili stiropor kako bi se osušili i potpuno stvrdnuli.
g) Nakon što se čokolada stvrdne, spremni su za posluživanje.

# 78. Zamrznuti kolačići sa životinjama

## SASTOJCI:
- 2 vrećice (svaka po 9 unci) kolačića s glazurom
- 1 blok krem sira
- 1 vrećica (12 unci) bijele čokolade za topljenje
- 1 vrećica (12 unci) ružičaste čokolade koja se topi
- Rainbow Sprinkles
- Štapići za kolače

## UPUTE:
a) Započnite tako što ćete rezervirati oko 8 životinjskih kolačića i obraditi preostale kolačiće u procesoru hrane dok se ne samelju.
b) Pomiješajte obrađene kolačiće i krem sir u velikoj zdjeli za miješanje, dobro izmiješajući.
c) Smjesu razvaljajte u kuglice od 1 inča i stavite ih na papir za pečenje.
d) Ohladite u hladnjaku otprilike jedan sat.
e) Otopite bijelu i ružičastu čokoladu u odvojenim posudama, u intervalima od 45 sekundi u mikrovalnoj pećnici i miješajući nakon svakog dok smjesa ne postane glatka.
f) Izvadite ohlađene cake pop kuglice. Vrh svakog štapića za cake pop umočite u otopljenu bijelu čokoladu i nježno ga umetnite do pola u štapić za kolače držeći ga po potrebi na dlanu.
g) Cake popse vratite nakratko u hladnjak na 5-10 minuta da se stegne.
h) Izvadite iz hladnjaka i pola svakog kolačića odmah umočite u bijelu čokoladu, a drugu polovicu u ružičastu čokoladu.
i) Otresite višak čokolade i pažljivo stavite cake pops na papir za pečenje, pazeći da štapić stoji uspravno. Pospite ih duginim mrljama prije nego što se čokolada stegne.
j) Nakon što se potpuno stegne i stvrdne, dodajte malu količinu čokolade u odvojene kolačiće i pričvrstite ih na strane nekih cake popsova.
k) Poslužite i uživajte u slasti ovih divnih poslastica!

## 79.Torte za rođendanske kolačiće

**SASTOJCI:**
- 18 sendvič kolačića punjenih kremom, kao što je Oreos
- 4 unce krem sira
- 1 ½ šalice komadića čokolade
- Razni glazure, za ukrašavanje
- Razni posipi, za ukrašavanje
- Svijeće, za ukrašavanje

**UPUTE:**
a) U sjeckalici izmiksajte kekse dok se grubo ne izmrve.
b) Dodajte krem sir i nastavite miješati dok se smjesa dobro ne sjedini i ne ostanu veliki komadi kolačića.
c) Rukama razvaljajte dijelove smjese za kolačiće u kuglice od 1 inča, a zatim ih lagano spljoštite kako biste dobili izbočine u obliku paka.
d) Umetnite štapić lizalice u svaki dio kolačića i stavite ih na lim obložen papirom za pečenje. Zamrznite kolačiće na 30 minuta.
e) Otopite komadiće čokolade u mikrovalnoj pećnici u intervalima od 30 sekundi, miješajući između svakog intervala.
f) Umočite kolačiće u otopljenu čokoladu, otresite sav višak, a zatim ih prelijte posipima. Vratite pops u pleh dok se čokolada ne stegne.
g) Nakon što se stegne, obrubite glazurom oko ruba svake kocke. Obrežite svjećice i umetnite ih na vrh svakog kolačića.
h) Poslužite odmah ili ostavite u hladnjaku do posluživanja. Uživajte u ovim divnim poslasticama na svom slavlju!

## 80.Cake Pops s čokoladnim kolačićima

**SASTOJCI:**
**ZA TORTU:**
- ½ šalice neslanog maslaca, omekšalog
- ½ šalice šećera
- ½ šalice svijetlo smeđeg šećera
- 2 žličice čistog ekstrakta vanilije
- 5 žlica kiselog vrhnja
- 2 jaja
- 1 ⅔ šalice brašna
- 1 ¾ žličice praška za pecivo
- ¼ žličice soli
- 5 žlica mlijeka
- 3 žlice vode
- ¾ šalice malih komadića čokolade

**ZA GLAZURU:**
- ½ šalice neslanog maslaca, omekšalog
- ¼ šalice svijetlo smeđeg šećera
- 1 ¼ šalice šećera u prahu
- ½ žlice mlijeka
- ¼ žličice vanilije
- ⅛ žličice soli

**ZA SASTAVLJANJE CAKE POPA:**
- 20 unci tamne čokolade
- 36 bombona na štapiću
- ¼ šalice malih komadića čokolade

**UPUTE:**
**ZA TORTU:**
a) Zagrijte pećnicu na 350 stupnjeva Fahrenheita. Pravokutnu tepsiju 13x9 namastite neljepljivim sprejom i ostavite sa strane.

b) U zdjeli za miješanje pjenasto pomiješajte šećere i maslac pomoću samostojećeg miksera s nastavkom s lopaticom dok ne postane svijetlo i pjenasto, oko 3 minute. Dodati kiselo vrhnje i miksati dok se ne sjedini. Zatim dodajte jedno po jedno jaje zajedno s vanilijom i miksajte dok se ne sjedini.

c) U zasebnoj srednjoj posudi pomiješajte brašno, prašak za pecivo i sol. U drugoj manjoj posudi pomiješajte vodu i mlijeko. Dodajte pola suhih sastojaka u tijesto i miješajte dok se ne sjedine. Zatim dodajte mliječnu smjesu i miješajte dok se ne sjedini. Na kraju dodajte preostale suhe sastojke i miksajte dok se ne sjedine.

d) Lagano umiješajte male komadiće čokolade. Prebacite tijesto u pripremljenu posudu za pečenje i pecite oko 20 minuta ili dok čačkalica zabodena ne izađe čista. Ostavite kolač da se potpuno ohladi.

**ZA GLAZURU:**

e) Nakon što se kolač ohladi, pripremite glazuru miješajući maslac i smeđi šećer u zdjeli samostojećeg miksera dok ne postane kremasto. Dodajte šećer u prahu i mutite još 2 minute. Zatim dodajte mlijeko, vaniliju i sol te miješajte dok se ne sjedini.

**ZA SASTAVLJANJE CAKE POPA:**

f) Ohlađeni kolač izmrvite u posudu za pečenje i mrvice dodajte pripremljenom glazuru. Miješajte pomoću nastavka s lopaticom dok se ne sjedini, oko 5-10 sekundi.

g) Lim za pečenje obložite papirom za pečenje. Izvadite oko 1 ½ žlice smjese za kolač i glazuru, razvaljajte u kuglice i stavite na papir za pečenje. Ohladiti u hladnjaku oko 1 sat da se stegne.

h) Tamnu čokoladu otopite u mikrovalnoj pećnici u intervalima od 30 sekundi, miješajući između svakog intervala.

i) Umočite bombonski štapić otprilike 1 inč duboko u otopljenu čokoladu i zatim ga umetnite u kuglu za tortu. Kuglu torte umočite u otopljenu čokoladu, uklonite višak i stavite na papir za pečenje da se osuši. Brzo pospite sitnim komadićima čokolade prije nego što se čokolada stegne.

j) Ponovite postupak umakanja s preostalim kuglicama za kolače, po potrebi radeći u serijama. Pustite da se cake pops potpuno osuši.

k) Čuvajte cake popse u posudi za čuvanje na sobnoj temperaturi do 3 dana. Uživajte u ovim divnim poslasticama!

# 81. Lofthouse Cookie Cake Pops

**SASTOJCI:**
- 10 Lofthouse kolačića
- 4 unce krem sira, omekšalog
- 8 unci bijele čokolade, nasjeckane
- 1-2 žlice kokosovog ulja
- prskalice (nije obavezno)

**UPUTE:**
a) Lofthouse kekse stavite u zdjelu miksera i miješajte srednjom brzinom dok se ne izmrvljuju.
b) U izmrvljene kolačiće dodajte omekšali krem sir i miješajte dok smjesa ne postane glatka.
c) Zagrabite oko 1,5 žlicu tijesta i rukama ga oblikujte u kuglice. Stavite kuglice tijesta na lim za kolačiće obložen pergamentnim papirom ili voštanim papirom.
d) Otopite bijelu čokoladu s polovicom kokosovog ulja na parnoj posudi ili u mikrovalnoj pećnici u koracima od 30 sekundi. Dodajte još kokosovog ulja ako je čokolada pregusta.
e) Umočite vrh štapića za kolače u otopljenu čokoladu i umetnite ga otprilike do pola u svaku kuglicu tijesta.
f) Stavite pleh s kuglicama tijesta u hladnjak na 5 minuta da se stegne.
g) Svaku lopticu tijesta umočite u otopljenu čokoladu, potpuno je premažite i po želji pospite vrhom.
h) Stavite premazane cake popse na lim za kolačiće ili, za bolju prezentaciju, gurnite kraj štapića u komad stiropora da stoji.
i) Ostavite čokoladu da se stegne najmanje 10 minuta prije posluživanja.
j) Uživajte u ovim prekrasnim Lofthouse Cookie Cake Pops kao ukusnoj poslastici za svaku priliku!

## 82.Pops od tijesta za kolače

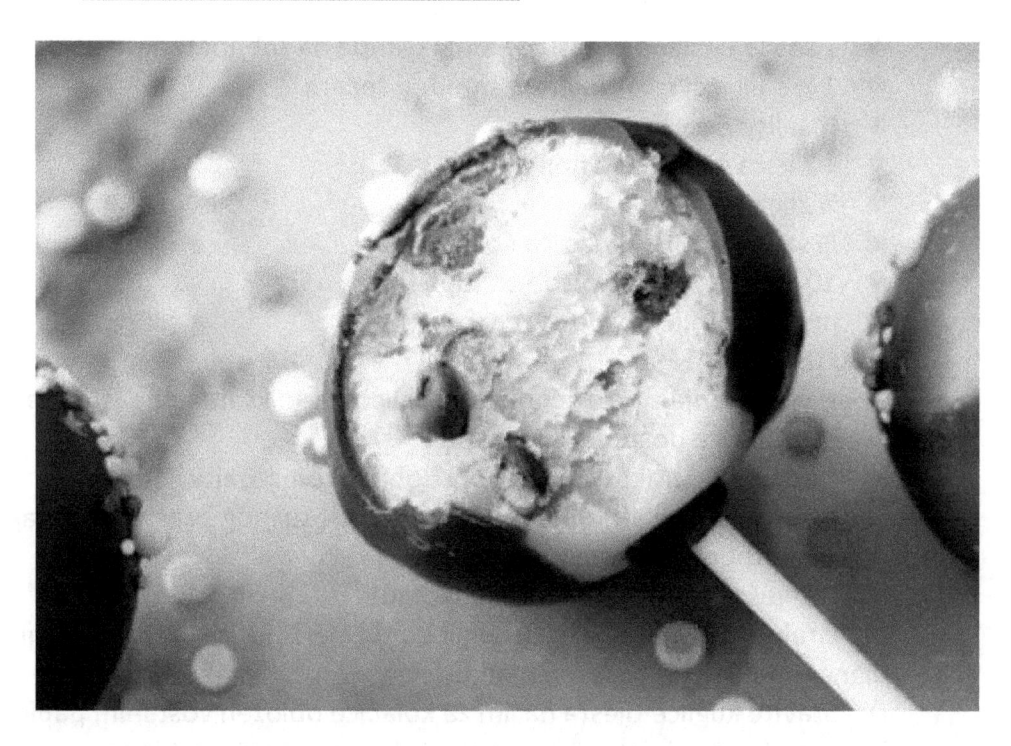

**SASTOJCI:**
- 1 ¾ šalice višenamjenskog brašna
- 1 šalica neslanog maslaca, omekšanog na sobnoj temperaturi
- 1 ½ šalice čvrsto zbijenog smeđeg šećera
- ¼ šalice šećera
- 1 žličica ekstrakta vanilije
- ½ žličice soli
- ½ šalice malih komadića čokolade
- 10 unci tamne čokolade za topljenje
- prskalice (nije obavezno)

**UPUTE:**
a) U velikoj zdjeli električnom miješalicom izmiksajte omekšali maslac i šećere dok ne postanu kremasti.
b) Dodajte ekstrakt vanilije i sol i dobro promiješajte.
c) Postupno dodajte ohlađenu smjesu prosijanog brašna, miješajući dok se potpuno ne sjedini.
d) Umiješajte male komadiće čokolade.
e) Grabite tijesto za kekse u kuglice veličine 1 ½ žlice i valjajte ih među dlanovima dok ne postanu glatke.
f) Stavite kuglice tijesta na lim za kolačiće obložen voštanim papirom i ostavite u hladnjaku 20 minuta (izbjegavajte duže hlađenje jer to može utjecati na umetanje štapića za kolače).
g) Dok se tijesto hladi, pripremite kutiju ili komad stiropora tako što ćete napraviti malu rupicu kako biste osigurali da štapić za kolače stane i da će biti podržan.
h) Nakon što se kuglice od tijesta za kolačiće ohlade, pripremite oblatne za topljenje u maloj posudi prema uputama na pakiranju.
i) Umočite jedan kraj štapića za kolače otprilike ½ inča u otopljenu tamnu čokoladu, a zatim ga nježno umetnite otprilike do pola u kuglicu tijesta za kekse.
j) Držite štapić i umočite tijesto za kolačiće u posudu s otopljenom tamnom čokoladom. Ocijedite višak čokolade i odmah dodajte posip. Stavite štapić u pripremljenu kutiju ili stiropor kako bi se čokolada stvrdnula prije spremanja ili posluživanja.
k) Uživajte u ovim divnim komadićima tijesta za kolačiće kao ukusnoj poslastici!

# BLAGDANSKI KOLAČ POPS

## 83.Torte za Valentinovo

**SASTOJCI:**
- 1 kutija red velvet mješavine za kolače
- 1 šalica glazure od krem sira
- 12 unci crvenih bombona se topi
- Posipi s motivom Valentinova ili bomboni u obliku srca za ukras

**UPUTE:**
a) Pripremite smjesu za kolač od crvenog baršuna prema uputama na pakiranju. Neka se potpuno ohladi.
b) Izmrvite kolač u veliku zdjelu i umiješajte glazuru od krem sira dok se dobro ne sjedini.
c) Smjesu razvaljajte u male kuglice i stavite ih na pleh obložen papirom za pečenje.
d) Rastopite crvene bombone prema uputama na pakiranju.
e) Umočite vrh štapića lizalice u otopljenu otopinu slatkiša i umetnite ga u kuglu za tortu. Ponovite s preostalim kuglicama za kolače.
f) Umočite svaki kolačić u otopljenu otopinu slatkiša, otkucavši sav višak.
g) Ukrasite posipom na temu Valentinova ili bombonima u obliku srca.
h) Pustite da se cake pops stegne na papiru za pečenje dok se premaz od slatkiša ne stvrdne.

# 84. Halloween Cake Pops

**SASTOJCI:**
- 1 kutija smjese za čokoladne torte
- 1 šalica čokoladne glazure
- 12 unci narančastog bombona se topi
- Crna glazura za ukrašavanje
- Prskalice na temu Noći vještica ili oči od slatkiša za ukras

**UPUTE:**
a) Pripremite smjesu za čokoladnu tortu prema uputama na pakiranju. Neka se potpuno ohladi.
b) Izmrvite kolač u veliku zdjelu i umiješajte čokoladnu glazuru dok se dobro ne sjedini.
c) Smjesu razvaljajte u male kuglice i stavite ih na pleh obložen papirom za pečenje.
d) Otopite narančaste bombone prema uputama na pakiranju.
e) Umočite vrh štapića lizalice u otopljenu otopinu slatkiša i umetnite ga u kuglu za tortu. Ponovite s preostalim kuglicama za kolače.
f) Umočite svaki kolačić u otopljenu otopinu slatkiša, otkucavši sav višak.
g) Upotrijebite crnu glazuru za ukrašavanje da nacrtate sablasna lica ili šare na kolačićima.
h) Ukrasite šarama na temu Noći vještica ili očima od slatkiša.
i) Pustite da se cake pops stegne na papiru za pečenje dok se premaz od slatkiša ne stvrdne.

# 85. Uskrsni kolačići

**SASTOJCI:**
- 1 kutija smjese za kolač od mrkve
- 1 šalica glazure od krem sira
- 12 unci otopljenih bombona pastelnih boja (kao što su ružičasti, plavi ili žuti)
- Razni posipi ili ukrasi od slatkiša na temu Uskrsa za ukrašavanje

**UPUTE:**
a) Pripremite smjesu za kolač od mrkve prema uputama na pakiranju. Neka se potpuno ohladi.
b) Izmrvite kolač u veliku zdjelu i umiješajte glazuru od krem sira dok se dobro ne sjedini.
c) Smjesu razvaljajte u male kuglice i stavite ih na pleh obložen papirom za pečenje.
d) Otopite pastelne bombone prema uputama na pakiranju.
e) Umočite vrh štapića lizalice u otopljenu otopinu slatkiša i umetnite ga u kuglu za tortu. Ponovite s preostalim kuglicama za kolače.
f) Umočite svaki kolačić u otopljenu otopinu slatkiša, otkucavši sav višak.
g) Ukrasite raznim posipima ili ukrasima od slatkiša na temu Uskrsa.
h) Pustite da se cake pops stegne na papiru za pečenje dok se premaz od slatkiša ne stvrdne.

# 86.Četvrti srpnja Cake Pops

**SASTOJCI:**
- 1 kutija bijele smjese za kolače
- 1 šalica glazure od vanilije
- 12 unci crvenih, bijelih i plavih otopljenih bombona (ili crvene, bijele i plave prehrambene boje za bijelu čokoladu)
- Domoljubni posipi ili jestivi glitter za ukrašavanje

**UPUTE:**
a) Smjesu za bijeli kolač pripremite prema uputama na pakiranju. Neka se potpuno ohladi.
b) Izmrvite kolač u veliku zdjelu i umiješajte glazuru od vanilije dok se dobro ne sjedini.
c) Smjesu razvaljajte u male kuglice i stavite ih na pleh obložen papirom za pečenje.
d) Otopite odvojeno crveni, bijeli i plavi melts prema uputama na pakiranju (ili otopite bijelu čokoladu i obojite je crvenom i plavom prehrambenom bojom).
e) Svaki kolačić umočite u otopljenu otopinu slatkiša, jednu po jednu boju, otkucavajući sav višak.
f) Postavite cake pops natrag na papir za pečenje i ukrasite patriotskim posipom ili jestivim svjetlucavim šljokicama.
g) Pustite da se cake pops stegne na papiru za pečenje dok se premaz od slatkiša ne stvrdne.

## 87.Torte za Dan zahvalnosti

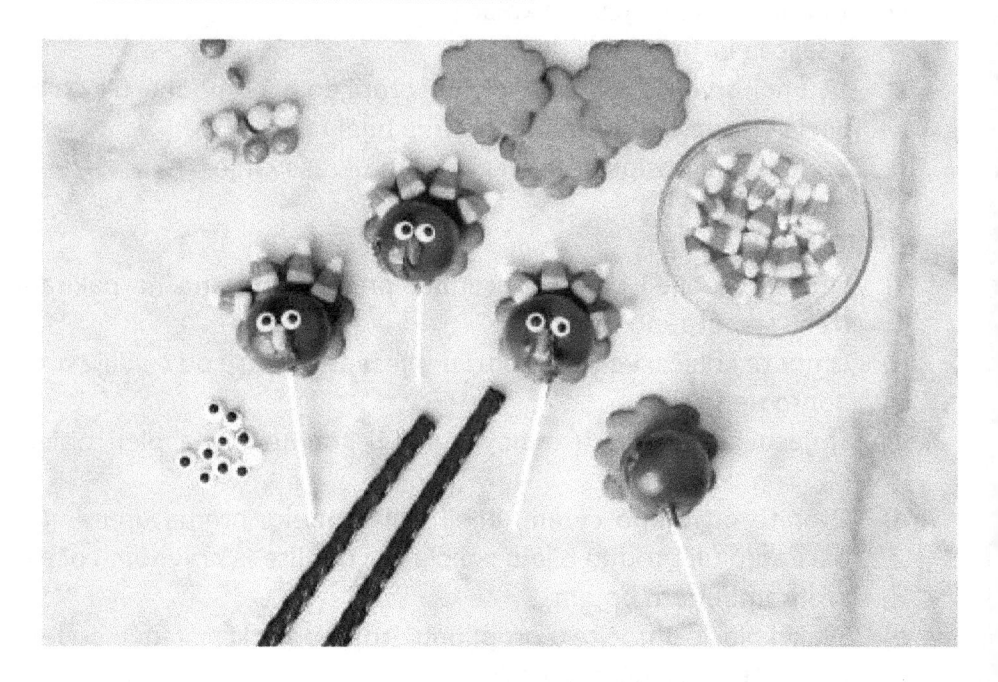

**SASTOJCI:**
- 1 kutija mješavine začina za kolač od bundeve
- 1 šalica glazure od krem sira
- 12 unci narančastog bombona se topi
- Smeđi bombon topi ili čokolada za ukrašavanje
- Posipi s temom jeseni ili jestivi ukrasi za ukrašavanje

**UPUTE:**
a) Pripremite smjesu za kolač od bundeve prema uputama na pakiranju. Neka se potpuno ohladi.
b) Izmrvite kolač u veliku zdjelu i umiješajte glazuru od krem sira dok se dobro ne sjedini.
c) Smjesu razvaljajte u male kuglice i stavite ih na pleh obložen papirom za pečenje.
d) Otopite narančaste bombone prema uputama na pakiranju.
e) Umočite svaki kolačić u otopljenu otopinu slatkiša, otkucavši sav višak.
f) Nakon što se stegne, otopite smeđe topljene bombone ili čokoladu i upotrijebite ih za crtanje na purećim licima ili drugim crtežima s temom Dana zahvalnosti.
g) Ukrasite jestivim ukrasima s temom jeseni.
h) Pustite da se cake pops stegne na papiru za pečenje dok se premaz od slatkiša ne stvrdne.

## 88.Torte za dan sv. Patrika

**SASTOJCI:**
- 1 kutija smjese za čokoladne torte
- 1 šalica čokoladne glazure
- 12 unci zelenih slatkiša se topi
- Zlatna jestiva prašina ili zlatni posipi za ukras

**UPUTE:**
a) Pripremite smjesu za čokoladnu tortu prema uputama na pakiranju. Neka se potpuno ohladi.
b) Izmrvite kolač u veliku zdjelu i umiješajte čokoladnu glazuru dok se dobro ne sjedini.
c) Smjesu razvaljajte u male kuglice i stavite ih na pleh obložen papirom za pečenje.
d) Otopite zelene bombone prema uputama na pakiranju.
e) Umočite svaki kolačić u otopljenu otopinu slatkiša, otkucavši sav višak.
f) Pospite zlatnom jestivom prašinom ili zlatnim posipima na vrhu svake torte za ukrašavanje.
g) Pustite da se cake pops stegne na papiru za pečenje dok se premaz od slatkiša ne stvrdne.

# 89.Hanuka Cake Pops

**SASTOJCI:**
- 1 kutija smjese za kolače od vanilije
- 1 šalica glazure od vanilije
- 12 unci plavog slatkiša se topi
- Bijeli slatkiš se topi
- Srebrna jestiva prašina ili srebrni posipi za ukrašavanje

**UPUTE:**
a) Pripremite smjesu za kolač od vanilije prema uputama na pakiranju. Neka se potpuno ohladi.
b) Izmrvite kolač u veliku zdjelu i umiješajte glazuru od vanilije dok se dobro ne sjedini.
c) Smjesu razvaljajte u male kuglice i stavite ih na pleh obložen papirom za pečenje.
d) Otopite plave bombone prema uputama na pakiranju.
e) Svaki kolačić umočite u otopljenu plavu otopinu slatkiša, otkucavši sav višak.
f) Nakon što se stegne, rastopite bijelu otopinu slatkiša i upotrijebite je za crtanje na dizajnu Davidove zvijezde ili drugim ukrasima na temu Hanuke.
g) Pospite srebrnu jestivu prašinu ili srebrne posipe na vrhu svake torte za ukrašavanje.
h) Pustite da se cake pops stegne na papiru za pečenje dok se premaz od slatkiša ne stvrdne.

# 90.Božićni Popovi

## SASTOJCI:
### ZA RUSKE ČAJNE KOLAČE:
- 1 Recept Ruski čajni kolači, pečeni i potpuno ohlađeni, ali ne uvaljani u šećer

### ZA glazuru:
- 4 šalice slastičarskog šećera
- 1/3 šalice vrućeg mlijeka
- 3 žlice neslanog maslaca, omekšalog
- 1 žlica svijetlog kukuruznog sirupa
- 1 žličica ekstrakta vanilije
- 1 žličica biljnog ulja
- 1/4 žličice soli
- Crvena i zelena prehrambena boja
- 4 unce bijele poluslatke čokolade, otopljene (po izboru)

## UPUTE:
### ZA RUSKE ČAJNE KOLAČE (KOLAČIĆE):
a) Pripremite seriju ruskih čajnih kolača prema receptu koji imate. Ispecite kolačiće i ostavite ih da se potpuno ohlade, ali ih nemojte uvaljati u šećer. Staviti na stranu.
b) Za glazuru:
c) U zdjelu srednje veličine stavite slastičarski šećer. Postupno umiješajte vruće mlijeko dok ne dobijete glatku glazuru.
d) Dodajte omekšali neslani maslac i miješajte dok se dobro ne sjedini.
e) Umiješajte svijetli kukuruzni sirup, ekstrakt vanilije, biljno ulje i prstohvat soli dok smjesa ne postane glatka.
f) Glazuru podijelite na pola. Obojite jednu polovicu crvenom bojom za hranu, a drugu polovicu zelenom bojom za hranu, stvarajući svečane božićne boje.

### SASTAVLJANJE BOŽIĆNOG POPA:
g) Uzmite svaki ohlađeni ruski čajni kolač i potpuno ga umočite u obojenu glazuru, jedan po jedan. Pustite da višak glazure iscuri i stavite obložene kolačiće na rešetku postavljenu preko novina da se osuše. To će vam pomoći da uhvatite kapljice i olakšate čišćenje.

h) Nakon što se prvi sloj glazure osuši, ponovite postupak uranjanja kako biste osigurali deblji i ravnomjerniji sloj glazure.

i) Nakon što se drugi sloj osuši, možete biti kreativni pokapajući preostalu glazuru preko Pops u atraktivnom dizajnu. Alternativno, možete odlučiti preliti otopljenu bijelu poluslatku čokoladu za dodatni dekorativni dodir.

j) Pustite Pops da se stegne i glazura stegne prije posluživanja ili darivanja ovih divnih božićnih poslastica.

# VEGGIE TORTA POPS

## 91.Cake Pops od tikvica

**SASTOJCI:**
- 1 šalica nasjeckanih tikvica
- 1 kutija mješavine začina za kolače
- 1 šalica glazure od krem sira
- 12 unci bijele čokolade se topi
- Sjeckani orasi za ukras

**UPUTE:**
a) Zagrijte pećnicu prema uputama na kutiji s mješavinom za kolače. Namastite i pobrašnite kalup za tortu.
b) Pripremite mješavinu začinskog kolača prema uputama na pakiranju, a zatim ubacite narezane tikvice.
c) Ulijte tijesto u pripremljeni kalup za tortu i pecite prema uputama na pakiranju. Neka se potpuno ohladi.
d) Ohlađeni kolač izmrvite u veliku zdjelu i umiješajte glazuru od krem sira dok se dobro ne sjedini.
e) Smjesu razvaljajte u male kuglice i stavite ih na pleh obložen papirom za pečenje.
f) Otopite bombone od bijele čokolade prema uputama na pakiranju.
g) Vrh štapića lizalice umočite u otopljenu čokoladu i umetnite u kuglicu za tortu. Ponovite s preostalim kuglicama za kolače.
h) Umočite svaki kolačić u otopljenu čokoladu, otkucajte višak.
i) Pospite nasjeckane orahe na vrh svakog kolačića za ukras.
j) Ostavite cake pops na papiru za pečenje dok se čokoladni premaz ne stvrdne.

## 92.Čokoladni kolačići od cikle

## SASTOJCI:
- 1 šalica naribane cikle
- 1 kutija smjese za čokoladne torte
- 1 šalica čokoladne glazure
- 12 unci tamne čokolade se topi
- Posipi ili jestivo cvijeće za ukras

## UPUTE:
a) Zagrijte pećnicu prema uputama na kutiji s mješavinom za kolače. Namastite i pobrašnite kalup za tortu.
b) Smjesu za čokoladnu tortu pripremite prema uputama na pakiranju pa umiješajte naribanu ciklu.
c) Ulijte tijesto u pripremljeni kalup za tortu i pecite prema uputama na pakiranju. Neka se potpuno ohladi.
d) Ohlađeni kolač izmrvite u veliku zdjelu i umiješajte čokoladnu glazuru dok se dobro ne sjedini.
e) Smjesu razvaljajte u male kuglice i stavite ih na pleh obložen papirom za pečenje.
f) Otopite bombone od tamne čokolade prema uputama na pakiranju.
g) Vrh štapića lizalice umočite u otopljenu čokoladu i umetnite u kuglicu za tortu. Ponovite s preostalim kuglicama za kolače.
h) Umočite svaki kolačić u otopljenu čokoladu, otkucajte višak.
i) Ukrasite posipom ili jestivim cvijećem na vrhu svakog kolačića.
j) Ostavite cake pops na papiru za pečenje dok se čokoladni premaz ne stvrdne.

## 93.Torte sa začinima od slatkog krumpira

## SASTOJCI:
- 1 šalica pirea od slatkog krumpira
- 1 kutija mješavine začina za kolače
- 1 šalica glazure od krem sira
- 12 unci narančastog bombona se topi
- Zdrobljeni graham krekeri za ukras

## UPUTE:
a) Zagrijte pećnicu prema uputama na kutiji s mješavinom za kolače. Namastite i pobrašnite kalup za tortu.
b) Pripremite mješavinu začinskog kolača prema uputama na pakiranju, a zatim umiješajte pire od slatkog krumpira.
c) Ulijte tijesto u pripremljeni kalup za tortu i pecite prema uputama na pakiranju. Neka se potpuno ohladi.
d) Ohlađeni kolač izmrvite u veliku zdjelu i umiješajte glazuru od krem sira dok se dobro ne sjedini.
e) Smjesu razvaljajte u male kuglice i stavite ih na pleh obložen papirom za pečenje.
f) Otopite narančaste bombone prema uputama na pakiranju.
g) Umočite vrh štapića lizalice u otopljenu otopinu slatkiša i umetnite ga u kuglu za tortu. Ponovite s preostalim kuglicama za kolače.
h) Umočite svaki kolačić u otopljenu otopinu slatkiša, otkucavši sav višak.
i) Pospite zdrobljene graham krekere na vrh svakog kolačića za ukras.
j) Pustite da se cake pops stegne na papiru za pečenje dok se premaz od slatkiša ne stvrdne.

## 94. Pumpkin Spice Cake Pops

**SASTOJCI:**
- 1 šalica konzerviranog pirea od bundeve
- 1 kutija mješavine začina za kolač od bundeve
- 1 šalica glazure od krem sira
- 12 unci narančastog bombona se topi
- Posipi u obliku bundeve ili jestivi ukrasi za ukrašavanje

**UPUTE:**
a) Zagrijte pećnicu prema uputama na kutiji s mješavinom za kolače. Namastite i pobrašnite kalup za tortu.
b) Pripremite smjesu za kolač od bundeve prema uputama na pakiranju, a zatim umiješajte pire od bundeve iz konzerve.
c) Ulijte tijesto u pripremljeni kalup za tortu i pecite prema uputama na pakiranju. Neka se potpuno ohladi.
d) Ohlađeni kolač izmrvite u veliku zdjelu i umiješajte glazuru od krem sira dok se dobro ne sjedini.
e) Smjesu razvaljajte u male kuglice i stavite ih na pleh obložen papirom za pečenje.
f) Otopite narančaste bombone prema uputama na pakiranju.
g) Umočite vrh štapića lizalice u otopljenu otopinu slatkiša i umetnite ga u kuglu za tortu. Ponovite s preostalim kuglicama za kolače.
h) Umočite svaki kolačić u otopljenu otopinu slatkiša, otkucavši sav višak.
i) Ukrasite posipom u obliku bundeve ili jestivim ukrasima na vrhu svakog cake popa.
j) Pustite da se cake pops stegne na papiru za pečenje dok se premaz od slatkiša ne stvrdne.

## 95. Ube Cake Pops

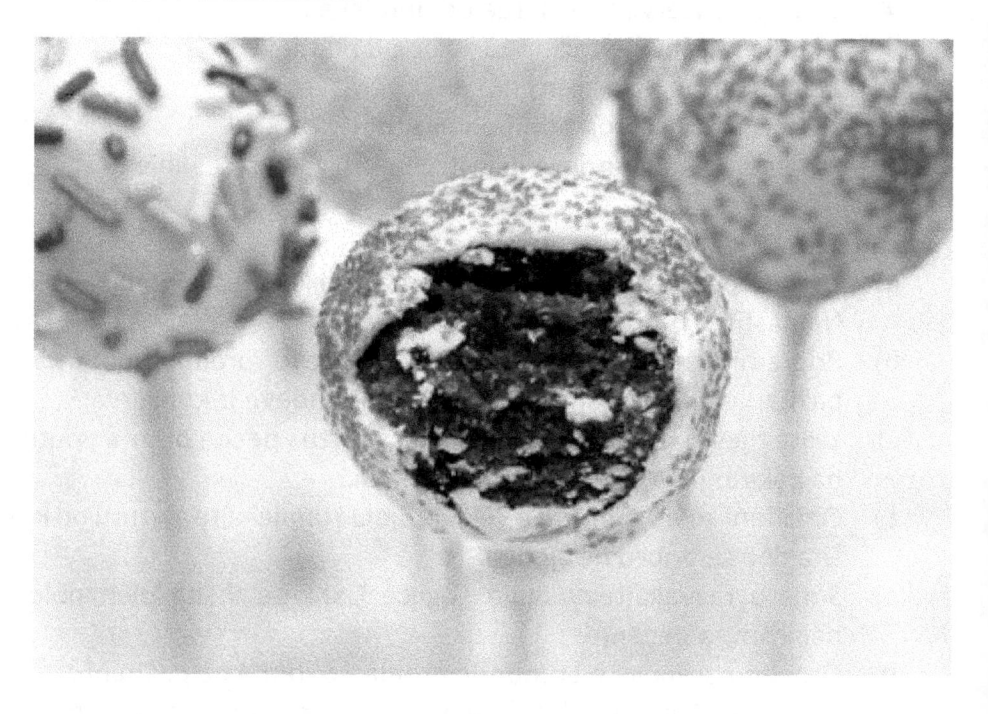

**SASTOJCI:**
- 1 šalica naribanog kuhanog ljubičastog jama (ube)
- 1 kutija smjese za kolače od vanilije
- 1 šalica glazure od krem sira
- 12 unci ljubičastih bombona se topi
- Slatkiši s okusom ube ili posip za ukrašavanje

**UPUTE:**
a) Zagrijte pećnicu prema uputama na kutiji s mješavinom za kolače. Namastite i pobrašnite kalup za tortu.
b) Pripremite smjesu za tortu od vanilije prema uputama na pakiranju, a zatim umiješajte naribani kuhani ljubičasti slatki kolač.
c) Ulijte tijesto u pripremljeni kalup za tortu i pecite prema uputama na pakiranju. Neka se potpuno ohladi.
d) Ohlađeni kolač izmrvite u veliku zdjelu i umiješajte glazuru od krem sira dok se dobro ne sjedini.
e) Smjesu razvaljajte u male kuglice i stavite ih na pleh obložen papirom za pečenje.
f) Otopite ljubičaste bombone prema uputama na pakiranju.
g) Umočite vrh štapića lizalice u otopljenu otopinu slatkiša i umetnite ga u kuglu za tortu. Ponovite s preostalim kuglicama za kolače.
h) Umočite svaki kolačić u otopljenu otopinu slatkiša, otkucavši sav višak.
i) Ukrasite slatkišima s okusom ube ili posipom na vrhu svakog kolačića.
j) Pustite da se cake pops stegne na papiru za pečenje dok se premaz od slatkiša ne stvrdne.

## 96.Kolač od mrkve Pops

## SASTOJCI:

- 3 šalice ostataka kolača od mrkve
- 4 žlice tekućeg kolača od sira
- ½ porcije mliječnih mrvica, sitno samljevenih u multipraktiku
- 3 unce bijele čokolade, otopljene

## UPUTE:

a) Pomiješajte ostatke kolača od mrkve i 25 g (2 žlice) tekućeg kolača od sira u zdjeli samostojećeg miksera opremljenog nastavkom s lopaticom i miješajte dok ne postane dovoljno vlažno da se umijesi u kuglu. Ako nije dovoljno vlažno za to, dodajte do 25 g (2 žlice) još tekućeg kolača od sira i umijesite ga.

b) Pomoću žlice za juhu razdijelite 12 jednakih loptica, svaka upola veličine loptice za stolni tenis. Svaki razvaljajte među dlanovima kako biste ga oblikovali i zagladili u okruglu kuglu.

c) Stavite mljevene mliječne mrvice u srednju zdjelu. U rukavicama od lateksa, stavite 2 žlice bijele čokolade na dlan i svaku kuglicu razvaljajte između dlanova, premazujući je tankim slojem otopljene čokolade; po potrebi dodajte još čokolade.

d) U zdjelu s mliječnim mrvicama stavljajte po 3 ili 4 kuglice prelivene čokoladom. Odmah ih pomiješajte s mrvicama za premazivanje, prije nego što se čokoladna ljuska stegne i više ne djeluje kao ljepilo (ako se to dogodi, samo premažite kuglicu još jednim tankim slojem otopljene čokolade).

e) Ostavite u hladnjaku najmanje 5 minuta da se čokoladne ljuske potpuno stvrdnu prije jela ili spremanja. U hermetički zatvorenoj posudi, Pops će stajati do 1 tjedan u hladnjaku.

# TORTA OD ORAŠA I SJEMENKI

# 97.Almond Joy Cake Pops

**SASTOJCI:**
- 1 kutija smjese za čokoladne torte
- 1 šalica čokoladne glazure
- 1/2 šalice naribanog kokosa
- 1/2 šalice nasjeckanih badema
- 12 unci bombona od mliječne čokolade se topi
- Cijeli bademi za ukras

**UPUTE:**
a) Pripremite smjesu za čokoladnu tortu prema uputama na pakiranju. Neka se potpuno ohladi.
b) Izmrvite kolač u veliku zdjelu i umiješajte čokoladnu glazuru, nasjeckani kokos i nasjeckane bademe dok se dobro ne sjedine.
c) Smjesu razvaljajte u male kuglice i stavite ih na pleh obložen papirom za pečenje.
d) Otopite mliječne čokoladne bombone prema uputama na pakiranju.
e) Vrh štapića lizalice umočite u otopljenu čokoladu i umetnite u kuglicu za tortu. Ponovite s preostalim kuglicama za kolače.
f) Umočite svaki kolačić u otopljenu čokoladu, otkucajte višak.
g) Utisnite cijeli badem na vrh svake torte za ukras.
h) Ostavite cake pops na papiru za pečenje dok se čokoladni premaz ne stvrdne.

## 98.Torte s maslacem od sjemenki suncokreta

**SASTOJCI:**
- 1 kutija smjese za kolače od vanilije
- 1 šalica maslaca od suncokretovih sjemenki
- 12 unci bijele čokolade se topi
- Sjemenke suncokreta i posip za ukrašavanje

**UPUTE:**
a) Pripremite smjesu za kolač od vanilije prema uputama na pakiranju. Neka se potpuno ohladi.
b) Izmrvite kolač u veliku zdjelu i umiješajte maslac od suncokretovih sjemenki dok se dobro ne sjedini.
c) Smjesu razvaljajte u male kuglice i stavite ih na pleh obložen papirom za pečenje.
d) Otopite bombone od bijele čokolade prema uputama na pakiranju.
e) Vrh štapića lizalice umočite u otopljenu čokoladu i umetnite u kuglicu za tortu. Ponovite s preostalim kuglicama za kolače.
f) Umočite svaki kolačić u otopljenu čokoladu, otkucajte višak.
g) Utisnite sjemenke suncokreta na vrh svake torte za ukrašavanje.
h) Ostavite cake pops na papiru za pečenje dok se čokoladni premaz ne stvrdne.

# 99.Pistacije Cake Pops

**SASTOJCI:**
- 1 kutija bijele smjese za kolače
- 1 šalica paste od pistacija ili mljevenih pistacija
- 1 šalica glazure od vanilije
- 12 unci zelenih slatkiša se topi
- Mljeveni pistacije za ukras

**UPUTE:**
a) Smjesu za bijeli kolač pripremite prema uputama na pakiranju. Neka se potpuno ohladi.
b) Izmrvite kolač u veliku zdjelu i umiješajte pastu od pistacija ili mljevene pistacije i glazuru od vanilije dok se dobro ne sjedini.
c) Smjesu razvaljajte u male kuglice i stavite ih na pleh obložen papirom za pečenje.
d) Otopite zelene bombone prema uputama na pakiranju.
e) Umočite vrh štapića lizalice u otopljenu otopinu slatkiša i umetnite ga u kuglu za tortu. Ponovite s preostalim kuglicama za kolače.
f) Umočite svaki kolačić u otopljenu otopinu slatkiša, otkucavši sav višak.
g) Pospite zgnječene pistacije na vrh svakog kolačića za ukras.
h) Pustite da se cake pops stegne na papiru za pečenje dok se premaz od slatkiša ne stvrdne.

# 100.Torte s limunovim sjemenkama i makom

**SASTOJCI:**
- 2 šalice mrvica za kolač od limuna i maka (od pečenog kolača od limuna i maka)
- 1/2 šalice glazure od limuna
- 1 šalica komadića bijele čokolade
- 1 žlica biljnog ulja
- Limunova korica (za ukras)

**UPUTE:**
a) U zdjeli pomiješajte mrvice kolača od sjemenki limuna i maka i glazuru od limuna dok se dobro ne sjedine.
b) Od smjese oblikujte male kuglice i stavljajte ih na obložen pleh.
c) Zamrznite kuglice oko 30 minuta.
d) Otopite komadiće bijele čokolade s biljnim uljem u mikrovalnoj pećnici ili na pari.
e) Umočite svaku smrznutu kuglicu kolača s limunovim sjemenkama i makom u otopljenu bijelu čokoladu, ravnomjerno premažući.
f) Vrh svake premazane kuglice ukrasite koricom limuna.
g) Premazane kuglice stavite natrag na pleh i ostavite u hladnjaku dok se čokolada ne stvrdne.

# ZAKLJUČAK

Dok se približavamo kraju našeg putovanja kroz "UMJETNOST KAKE POPSA", činimo to s osjećajem postignuća i zadovoljstva. Kroz 100 neodoljivih recepata i bezbroj sati provedenih u kuhinji, istražili smo beskrajne mogućnosti cake popsa i usavršili svoje vještine pekara i dekoratera.

Ali osim ukusnih poslastica i prekrasnih kreacija, ono što umjetnost cake popsa uistinu čini posebnom je radost koju donosi drugima. Bilo da iznenađujemo voljenu osobu domaćom poslasticom ili oduševljavamo goste na zabavi našim kulinarskim kreacijama, cake pops ima način širenja sreće i zbližavanja ljudi.

Dok se opraštamo od ove kuharice, nastavimo s naučenim lekcijama i stvorenim sjećanjima. Nastavimo eksperimentirati, inovirati i stvarati sa strašću i entuzijazmom. I iznad svega, nikada nemojmo zaboraviti jednostavnu radost dijeljenja naše ljubavi prema pečenju—i cake popsu!—s onima oko nas.

Hvala vam što ste nam se pridružili u ovoj slatkoj avanturi. Neka vam cake pops uvijek bude ukusan, ukrasi lijepi, a kuhinja uvijek puna smijeha i ljubavi. Sretno pečenje!